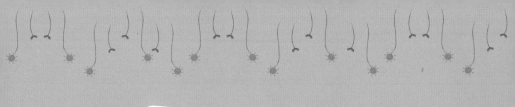

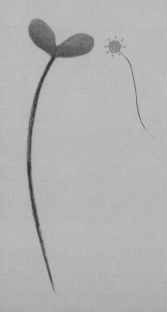

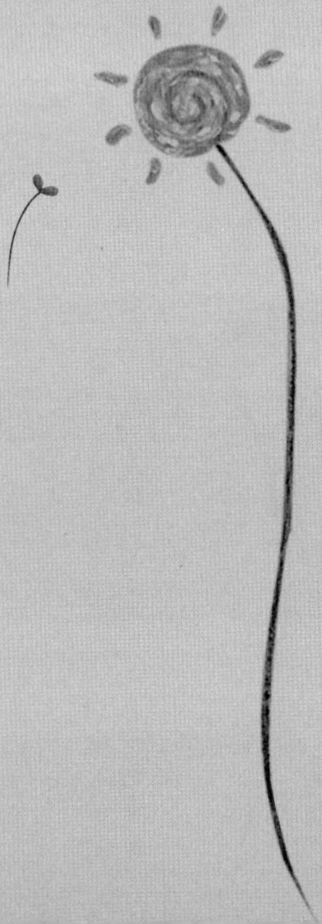

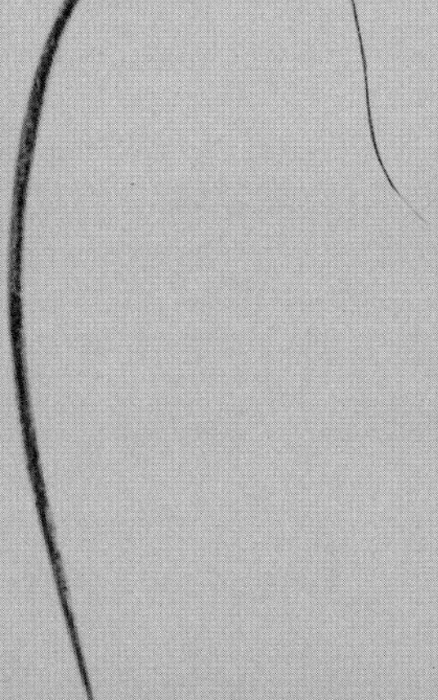

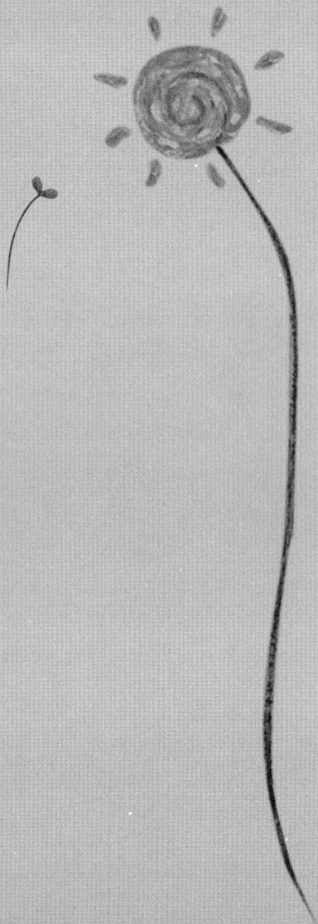

做自己，還是做罐頭？

勇敢挺自己的第一堂課

黃士鈞（哈克）著

〈推薦序〉

一本適合年輕人活出自己的指南書

敘事治療取向督導、諮商心理師 黃錦敦

從哈克邀請我為這本書寫序文開始，將近一整個月的時間，此書和我形影不離，我一有空，就拿出來細細閱讀。好幾次讀著讀著，就不自主地放下書本，抬起頭，想著：「如果年輕的時候，我也可以讀到這樣的一本書……」

十八、九歲的我，視野方長，眼光總想望向很遠的地方，好奇自己生命能有多大的可能？同時，眼光也總想往內窺探，想和自己有更多連結。對那個年紀的我來說，更難的是：「要如何才能把最裡面真實的自己，和外面大大的世界連在一起？」也就是如何才能在現實的世界裡，走出自己的一路來？那時的我常孤單又迷惑，一不小心就掉到了自我懷疑的漆黑空間裡。如果當時可以讀到這樣的一本書，這條路走來，我想就會有許多的不同。因此，我在書稿空白處寫著：「眞好，有這樣的一本書，或許就可以讓許多年輕人，在成爲自己的道路上，少一些孤單，多一些力量。」所以，這是一本非常適合年輕人在生涯發展的路途上，用來活出自己的指南書。

但這樣的想法，在一次台東旅行後有了改變。招待我的主人是一位六十歲的退休老師，我們熟識多年，在和她聊到在爲此書寫序時，我告訴她：「這裡面寫了許多想跟年輕人說的話，很好看。」接著就順道把書稿借她閱讀。她在深夜裡讀著讀著，隔天早上用發亮的眼神對我說：「這本書，不只可以給年輕人看，連我都深刻地被觸動內心的好多事。」我點點頭，這本書確實不只適合給年輕人，我想這會是一本非常適合給想要好好活出這一輩子的人閱讀，無論老少。

什麼叫做「好好活出這一輩子」？用作者的語言就是活得眞實又美好。眞實，就是要和自己有很好的連結，也就是做自己；美好，則是以眞實的自己爲底，並與外在的世界有機地互動，讓自己活得自由又精采。眞實又美好的生活樣貌非常吸引人，問題是路徑何在？作者透過平易近人的語言，將深厚難懂的心理治療理論，一一轉化爲可以落實在生活中的方法，指出一條條的路。更令人激賞的是，他不是把所學到理論譯寫爲簡易的語言而已，每一個概念與方法，都是他幾十年的生命裡，一個一個地嘗試，一次一次地創造與練習，感受到力量，品嚐到滋味，才一一揀選書寫。就如同神農嚐百草一般，每一篇都是眞眞實實，從經驗裡提煉而來。所以此書一路閱讀下來，大家讀到的絕非只是理論與方法而已，而是有著許多深刻的生命感跳躍其中。這也就是爲什麼我會說，這是一本用著扎扎實實的生命，所寫下的書。

我和哈克是非常親近的好友，我們常一起合作帶領工作坊，一整天在大自然裡走路、說話。這幾年來和他互動時，總有個時刻讓我很感動，那就是我不時會聽見他說：「這幾年最想學的事情之一，就是能對別人有更多的善意。善意，那不是我原本就會的事。」在我的眼裡，他很能愛人，能深刻又眞誠地愛人，這是他一直做得很好的事。但善意，指得是在關係上沒有太多基礎，甚至是不認識的人們，想要對他們撐開更大的空間，傳遞出愛。這是他生命這個階段，想要長出來的樣貌。

這幾年，我看見哈克的善意，眞是越來越多了。我常聽著他說：「我們可以爲這個島嶼留下些什麼？」在這個人人都說大環境不好的年代裡，哈克似乎想要挺起身子，爲這塊土地做些什麼，期待讓這個島嶼有機會更好。

這次，我看見哈克用著經年累月的專業與願意，伏案書寫。此本書的出版，我彷彿也見著他，送給了這島嶼的許多人們，一份大大的善意。

〈推薦序〉

一本用生命療癒生命的好書

新生醫護專校心理諮商中心主任
彰師大輔導與諮商博士　林祺堂

那天，一群人好不容易湊在一起，在著名的小籠包店分享美食，也滋潤著友誼。因著慣性，忘記要先吃原味的提醒，我不自覺地把絲瓜小籠包沾了醬油。驚嘆之餘，我們幾個有心理師執照的食客，從食物的原味連結到人的原味，再延伸到人該有如何的「眞名」——眞眞實實地活出自己的樣貌。

要怎麼描述哈克的「原味」呢？

哈克眞實、深情，又在地化，用「ㄍㄢˋ」的發語詞頻率極高，而且很有治療效果。他的「眞」，可以召喚出另一個人的「眞」。很多治療師很會照顧人，卻不太會照顧自己，但他卻是我少見的天才型治療師，很會照顧個案，更會示範如何好好照顧自己。心理治療界常說：「我們給不出去我們沒有的東西。」哈克的生命經驗可說是最棒的見證。

哈克有著我很欣賞的「自在」特異功能——把「主流社會裡不太接受的事項」，用人性的自然角度加以解構，讓人們可以活出自自然然的樣子，而不是一個又一個罐頭。他對人所受的苦，有著極端的敏銳；他用力呼吸與對方的靈魂共振，並把苦解構重組、轉化與升華。他擅用貼心的精準語言、細膩文字，神妙的隱喻畫面，與內心共舞的歌曲，在磅礡的語氣中鑽進一個人的心窩，讓人感受到眞心滾燙而直接的愛。在這份愛的滋養下，打通壅塞已久的情感流域，讓人瞬間與斷裂的深層內在重新接觸與連結，引發內外在整合的內爆，噴發被深刻懂得的淚水。

這本書是哈克這些年來用心實踐治療且活出自己的深刻反思，書中記錄著哈克眞實活著的生命樣態，有挫折、有困頓，也有著矛盾；而這些是如何淬煉成對自己與對他人的敏銳與直覺？哈克不藏私地全都露。這些智慧語錄在一般治療的教科書中找不到，卻是非常重要的部分。從人到治療師，有成長、有蛻變，哈克更說明了人與治療師如何共存整合，發揮從生命影響生命的療癒能力。

很想成長又不想太慌亂的人，可以好好讀這本書，找到安頓自己又精采生命的好方法；很想健健康康地當一個助人工作者的朋友，也可以在閱讀裡，偷偷地學會哈克愛自己又能充沛的愛人的絕招！

〈自序〉

爲年輕慌亂的心堆上營火

父親幫我取了黃士鈞這個名字，期許我成爲讀書人敬重的人；出國留學時，我幫自己取了英文名字 Huck，哈克是《湯姆歷險記》裡那個在草原上奔跑的男孩，我想讓自己活出自由奔放的生命。這兩個部分的我，都慢慢成形著。

二十幾歲的時候，大學同學都說我很憂鬱；三十幾歲的時候，我在諮商專業裡把握每個機緣往前再奮力走一步；走到四十三歲，好朋友們都說我，情很深、愛很熱、心很寬。

只是不知道有沒有人知道，情很深、愛很熱，這樣敏感多情的人，在年輕慌亂的時候，是一不小心就會無助憂鬱、不知如何抵擋生命的波濤狂潮……

依稀記得國中時，我聽張艾嘉的歌，聽羅大佑的歌，青春年少好多不知名的情緒，都在歌手的聲音旋律歌詞裡，被說了出來。高一下學期的最後一天，我在教室的黑板寫滿了羅大佑的那首〈未來的主人翁〉的歌詞：「……飄來飄去！就這麼飄來飄去……」沒有著力點，沒有支撐點，沒有自己，只有歌聲伴著那個我。那時候的我，常常想著，還好有羅大佑的歌陪我，不然，我的慌亂會更無法承受。而今，我寫了這本書，把多年來在心理諮商上學到許多滋養、支撐生命的好東西，像是：接納、展現不同面向自己的並存方法；讓自信扎根、開花的句型練習；為自己做決定、讓自己充滿行動力的幾個好用法寶，以及如何連結上自己內在最大的寶藏——潛意識的操作方法……都毫不保留地在書中分享，期待有機會，陪伴一些慌亂著又努力要長大、長成自己的孩子，有了「在冷風吹襲時，知道有人為自己堆上營火」的一絲絲溫暖。這是我的一份心願，也是握拳慶賀自己終於走到這裡，可以為這個島嶼真的做一點點什麼。

自從二〇〇八年以來，我陸續創作出「生涯規畫系列卡片」與「夢境智慧探尋卡」，因為助人專業工作者對這幾套卡片媒材的學習動機非常高，讓我有機會在台灣各個城市與香港、澳門帶領研習卡片媒材工作坊，遇見各地的國高中輔導老師、諮商師、社工、醫護人員、服務志工等。對我來說，創作這些卡片媒材，是讓我們得以聽見生命故事的清晰入口；而聽見故事之後，能陪伴人幫助人背後的哲學觀與心法，我都寫在這本書裡了。這本書裡有幾個諮商個案的故事，當事人不只同意我書寫，還都好開心自己的故事被寫了出來呢！

PART1

愛自己，安頓自己——搞定自己的基本功

PART2

從自己的故事裡，長出自信來——找到養分，長出力量

PART3 迎向真實世界的挑戰——在風雨中站穩

PART4
活出精采的秘密武器——和潛意識做好朋友

PART 1

愛自己，安頓自己——搞定自己的基本功

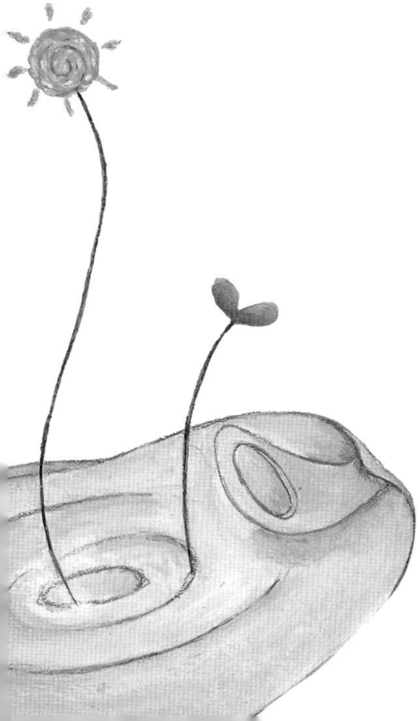

你是否丟失了部分的自己？

心理學家容格說：「與其成為一個好人，不如活出一個完整的人。」

在生活裡，如果持續練習並存的內在對話句型，很有機會一步一步走向完整。

生活裡，我們總會遇到慌亂、碰到孤單。慌亂孤單的時候，我們常常會習慣性地把其中一部分的自己壓抑下去，於是不知不覺中，我們就把自己內在眞實的一部分給丟掉了。

我在大學教書、諮商輔導十幾年，看著身旁一個個年輕的生命，爲了滿足父母期待準備公職考試。他們努力地準備三年、五年，全心全力想要當公務員，讓爸媽可以開心，可以放心。於是穩定安全的需求照顧到了，父母的期許壓力照顧到了，心裡卻有一塊被忽略了。有些年輕的孩子心裡本來想著：「我在社團裡發現，我很喜歡活動企畫耶！」「芳香療法的身體工作，是我好想繼續鑽研的領域……」這些

「本來想著」的種種，因爲一個又一個的不得不，被放在一旁。放久了，就被丟掉了。因爲把自己的某些部分給丟掉了，不知不覺中在心裡爲自己留下了「被忽略的自己」。

十幾二十歲的學生，常來找我求救的事情是：被好朋友疏遠、被同學排擠。被疏遠、被排擠的時候，孩子常常會急著去討好、去挽回，於是心裡頭就壓下了眞實存在的情緒，像是生氣（你們爲什麼突然這樣對我？）、內疚（會不會是我做錯了什麼？）、傷心（我都已經這麼盡力了……）。這些眞實的內在部分，一旦被壓下來，丟在一旁，時間久了，就被遺忘了。之後，必然偷偷地在生命的下一個時刻，以莫名其妙的情緒，突然跑出來讓人不知所措。

那怎麼辦呢？

若不能去實現自己的興趣與夢想，想它有什麼用？

被排擠卻不能生氣大爆發，觸及自己的生氣不是得不償失嗎？

是的。的確不能只是想而已，也不能只是沉浸在情緒裡。可以做的是：不要推開心裡頭這些眞實的部分，要學會更愛自己的新行爲，練習「並存」。並存，是我學習的前輩——吉利根博士（Dr. Stephen Gilligan）的核心概念之一。在專業助人工作十幾年的歲月裡，我發現：讓看似衝突的內在部分可以同時存在（並存），是照顧自己，也是對別人好的方法。

讓兩個不同的自己並存的內在對話

最近這幾年，我在台灣、港澳常有心理諮商的專業訓練工作坊。在這些公開的演講場合裡，生性害羞怕生的我，即使每年要講三四十次相同的主題，每次開場面對一群不熟悉、不認識的聽眾，我還是會緊張。如果我硬是壓下緊張的部分，假裝鎮定，那我就和我自己斷裂了，也就是說，我又創造了一個被忽略的自己。所以，我常常是這樣開場的：

「大家好，我是哈克。在場的很多人，我是第一次見到。我是個會害羞緊張的人，即使已經帶過六百場的工作坊，每次遇見新的眼睛，都還是會緊張。同時，經驗告訴我，如果你們看著我的眼光越來越溫和，大約十分鐘之後，我就會越來越自在，而我講的內容會越來越精采。（這時聽衆常常就笑了！因爲他們聽見了講者眞實的內在。當人有機會遇見眞實，常常就會會心一笑。）」

這樣的開場白，其實就是「並存」在眞實生活裡的實際操練。我心裡有兩個端點的聲音，一個是因爲陌生而來的緊張，另一個是專業磨練的自信。於是，當我承認自己的怕生緊張之後，這兩個部分就一起好好並存了。沒有誰壓過誰，沒有哪一個被忽略。這段心裡的內在對話是這樣的：

「是的，我是緊張的。」

「是的，同時我知道怎麼好好地帶一場工作坊，我是專業的訓練師。」

「是的，這兩個都是我。我會緊張，我也能帶工作坊，這兩個都是我。」

「是的，這兩個都是我，而我比這兩個還要多更多。」

讓我們來拆解上面的內在對話句型：

第一個「是的」：「是的，我是緊張的。」這句話一落，原本漂浮、不被接納的緊張，就落地了。漂浮的情緒一旦落地，就不再亂干擾我們了。

第二個「是的」：「是的，同時我知道怎麼好好地帶一場工作坊，我是專業的訓練師。」這句話一出現，安穩自信就跟著上來了。當我們不承認自己緊張而假裝鎮定的時候，緊張因爲被排除在外，會像迷霧一樣包裹在外，讓自信與力量無法清晰著地。

第三個「是的」：「是的，這兩個都是我。我會緊張，我也能帶工作坊，這兩個都是我。」這是關鍵的內在整合句型，讓原本在兩端分裂的部分，可以並存在一起。像是手牽手，像是一起安靜地坐在公園的椅子上，不再斷裂分割。因爲沒有哪個部分被忽略，所以內在就不用花力氣去壓制、去管控，因而多出好能量來幫助我們面對挑戰。

第四個「是的」：「是的，這兩個都是我，而我比這兩個還要多更多。」這一句讓人能夠看見生命的全景。我們不等於困境、我們不等於掙扎，生命還有更多的美好與資源，等著在需要的時候連結上。因爲看見我比這兩個還要多更多，心裡原本就有卻沒被使用的資源或力量，就有機會跑出來幫忙。

練習並存讓我們走向完整

當我們跟孩子說：「不要緊張」「不要怕」「不要擔心」「不要挫折，要繼續努力」，我們就不小心成了幫兇，讓孩子把自己的一部分給壓抑下去，於是那些眞實的情緒或想法（像是緊張焦慮、不安不確定、挫折失落），就成了孩子心裡「被忽略的自己」。

不說這些我們習以爲常的慣用安撫句型：「不要緊張」「不要擔心」，那要說什麼呢？我們回過頭來看看一開始說的那兩個例子：

那個因爲考公職而忽略自己夢想的孩子，可以跟自己說：「是的，我爲了爸媽努力考公職；是的，同時我沒忘記自己的夢想，說不定考上公職以後，我可以白天當公務員，下班後繼續鑽研芳香療法；是的，這兩個都是我，而我比這兩個還多更多。」

那個因爲被同學排擠而難受的孩子，可以有這樣的內在對話：「是的，我急著想討好、挽回；是的，同時我也傷心、生氣；是的，想討好、挽回的是我，傷心、生氣的也是我，這兩個都是我，而我比這兩個還多更多。」

雖然外在的挑戰依然存在，掙扎依然辛苦。但同時，我們的心卻沒有分裂，能夠繼續完整。心理學家容格說：「與其成爲一個好人，不如活出一個完整的人。」

在生活裡，如果持續練習並存的內在對話句型，很有機會一步一步走向完整。

做自己，還是做罐頭？

美麗，常常來自於冒險。雖然你我都知道，那個冒險的過程，社會不會為你背書，因而孤單很多，挫折不會少，就看你的人生想實現什麼了！

常聽到朋友問：

「做自己，會不會太自私？」

「我應該聽從別人的意見，還是聽自己的聲音？」

「只聽自己的，會不會太自私？」

相對於「做自己」，就是「做別人要我做的」。做別人要我做的，就是根據社會期望去做應該做的，我給這樣的行為取了個誇張的代名詞，叫做「做罐頭」。因為罐頭是工廠生產線上大量製造的產品，每個罐頭產品幾乎一樣，也都安全地成為社會需要的東西。

其實，當一個人問「做自己，會不會太自私？」時，心裡通常有兩個聲音在交戰：一個是做自己，一個是覺得自己似乎應該聽從社會、父母、同儕的期許（也就是乖乖地做罐頭）。這兩個聲音的交戰，才會讓「做自己，會不會太自私」的困境浮現，所以，這時要先能跳脫「做自己好，還是做罐頭好？」的兩難式問句。

怎麼跳脫？我常常把這樣的兩難式問句，換成比例式問句：「我要做多少自己？做多少的罐頭呢？」

做罐頭，符合了社會的期待，於是成了穩定社會的力量；做自己，同步了內在的流動力量，活出了生命的美麗，也為世界增添色彩。所以，做罐頭很好，做自己也很好。這個概念與家族治療師薩提爾（Virginia Satir）所說的：「我是OK的，你也是OK的。」有相互輝映之處。

一部分的我乖乖做罐頭

高中畢業後，我跟隨社會的期待，考上清華大學電機系，當了一個小罐頭。

因爲當時電機系很紅，大家知道我考上電機系，都很爲我高興！可是，我不適合電機系，因爲我柔軟、因爲我敏感、因爲我情感豐富（不知道爲什麼，我就長成這樣！）。所以，在大三那年，我第一次偷偷地有了不當罐頭的心願，開始從心底準備自己，要來走一條自己的路。

那時心裡的聲音實在是太大聲了，所以我沒有辦法顧及許多人的反對，我需要聽心裡的聲音，學習做自己。後來，從美國馬里蘭大學修完生涯諮商回到台灣，我選擇在清大、交大、台北醫大的諮商中心工作。待在大學當諮商師，這符合大家的期望；但我沒去擔任全職的行政諮商人員，而選擇做需要在不同學校跑來跑去的行動諮商師。這樣可以累積足夠的諮商治療實戰經驗，可以磨練自己的諮商輔導功力，這是我想要做的自己。

拿到博士學位後，我乖乖地去當助理教授，這是符合社會期望當罐頭；同時（注意喔，關鍵就在這個同時），我不像其他諮商博士選擇去諮商系、社工系當助理教授，我選擇可以做自己又可以健康快樂的休閒保健學系。所以，一部分的我做自己，一部分的我逐漸甘願地去教書，當罐頭。

爲什麼要當罐頭？因爲罐頭有其存在的必要，這個社會是設計給罐頭來活的，所以，當罐頭可以省掉很多很多對抗社會期望的壓力。省掉這些抵抗的力氣，我可以用來好好地「做自己」，於是我開始有空間和力氣，可以靜靜扎實地寫文章，來實現當作家的夢想。

心裡的聲音大時，做自己很美

寫到這裡，想起了二〇〇一年當我考慮離開文藻外語學院的專任講師職位時，好多人都跟我說：「不要那麼衝動，多考慮一下比較好。」「現在外面景氣很不好，還是留下來比較安穩啦！」有趣的是，在成長過程裡，長輩口中的景氣好像從來沒有好過。

其實，重點不是外面的景氣好或不好，而是對大部分符合社會期待的人來說，「穩定與安全」是第一優先。所以，冒險不被鼓勵；追求自己的夢想，也常常被警告。因爲那些符合社會期待而活的朋友，心裡也有蠢蠢欲動的夢想，如果他們鼓勵我冒險，那他們如何面對不敢去實現夢想的自己？所以，那些警告的話，其實是他們在對自己說的，是要阻擋他們自己的；而我，可以擁有自己的聲音，擁有自己的選擇。

最後我選擇離開文藻那個穩定的專任講師位置，走向冒險的路途。十幾年之後，我幸運地開發出自己的諮商專業，有了隱喻治療、解夢治療專業訓練的一片天空，後來，更因緣際會地開發出一系列實用又有趣的生涯規畫系列卡片。

美麗，常常來自於冒險。雖然你我都知道，那個冒險的過程，社會不會為你背書，因而孤單很多，挫折不會少，就看你的人生想實現什麼了！

我，喜歡冒險多一些，這就是我。

所以，當心裡的聲音很大的時候，做自己會很美；當心裡的聲音普通的時候，做一點罐頭，做一點自己，挺好；當心裡的聲音跟社會期待一樣的時候，那就享受做罐頭的輕鬆吧（專任工作的薪水，眞的是一個家很好的經濟基礎）！

讓生命不留遺憾，更有完整感

回過來看「做自己，會不會太自私？」做自己，意思是聽從心裡的聲音、實現自己的心願、長成自己希望的樣貌。這已經不是自不自私的問題了，想辦法做自己，活出自己希望的樣子，是你生命的責任。做自己的路上，常常會孤單，而且要爲自己的選擇負責，同時，因爲嘗試了，會減少遺憾，於是生命得以更有完整感。

做罐頭輕鬆很多，因爲罐頭的世界可以少掉很多麻煩，也不必跟旁邊的罐頭解釋太多（因爲我們都是罐頭，就不用解釋啦）。做自己一點都不無聊，但是非常非常麻煩，因爲旁邊的罐頭會皺著眉頭一直問：「你爲什麼要這樣？爲什麼不跟大家一樣就好了？」有意思的是，聽說需要解釋的東西，才有珍貴與獨特之處。

寫到這裡，想起了十七歲那年讀台南一中時，寫在檯燈上的座右銘「路，會彎；但路，會是美的。」

看見平凡渺小，也追求獨特美麗

獨特與美麗，是要被發現的。發現差異，看見自己，經營自己，獨特就可能浮現，美麗就有綻放的可能。接納渺小與平凡，會活得輕鬆一些；擁有獨特，綻放美麗，就會活得精采！

從小，我爸爸常跟我說：「人生，平凡就好。」爸爸幾十年來，都會在早晨五點左右，天還沒亮的時候，對著天地行禮，深深地鞠躬。

對天地行禮，是敬天；敬天，是因爲知道渺小。這樣看待自己生命的態度，我從小就有。媽媽強調認眞，會督促我讀書，要我一次一次挑戰很難的數學題目；爸爸強調身心健康，常提醒我要運動，在樓梯口聽到我大聲唱歌或哈哈笑，爸爸會毫無保留地稱讚我。所以，這兩樣我都學了起來，在自認重要的事情上，我能進入一種非常專注的學習狀態；在人生的追求上，我可以很安然地處於平凡。

常常，我在台中市區騎車往習慣書寫的茶館路上，經台中路往北走、右轉建成路前，總要等紅綠燈。坐在摩托車上等紅綠燈時，我覺得自己很渺小，一堆人車在紅燈下，等著燈號的變化，沒有人認識我，沒有人喜歡我或討厭我，很眞實的渺小。

演講前會緊張的我，很平凡；買股票判斷錯誤時會懊惱的我，很平凡；看到辣妹美女會駐足的我，眞是平凡的男人呀！連續好幾年，台中後火車站旁的購物中心週年慶時，我總會拿聯名卡去換來店禮（有一年還領到不知道怎麼用的遮瑕霜），跟一群歐巴桑排隊領來店禮時，我覺得自己很平凡，那是一種趣味性的平凡。

人生，因爲知道自己平凡，所以可以安在。因爲平凡是事實啊！接受了自己的平凡，就能夠站在眞實的位置上；接受了平凡，有了眞實的位置，於是可以開始追求獨特，甚至創造美麗。

不必超越，只須看見差異

追求獨特，常常從看見差異、看見不同開始；看見差異與不同，最簡單的方法就是從身邊的好朋友或競爭對手著手。十幾年前，我認識了新竹一位天分極高的心理治療師前輩，即使後來我們變成了很好的朋友，但有很長一段時間我都活在她的陰影下。像是家裡有個厲害的姊姊，當弟弟的我，怎麼樣都很難超越！

讓自己困住的，其實是「超越」這兩個字。獨特，看見的是差異與不同，而不是超越。

這位比我年長四五歲，充滿靈性的治療師前輩，擁有柔柔細細、穿透的聲音。記得我二十八歲那年，在培英國中聽她說「春天，眞的不是用等待的……」那綿綿的聲音，穿透入心，現場完全進入故事裡的我，被感動得淅瀝嘩啦。我清楚地知道，即使到現在那仍然是我無法超越的。

三十四歲那年，我已經帶了工作坊好多年，想說自己的功力應該夠強了，於是邀請這位前輩來「隱喻工作坊」當客座講師，她現場說了一個好炫、好好聽的故事，我聽著聽著，一方面讚嘆故事的精采，一方面不禁懷疑起自己的故事眞的夠好嗎？好多的自我懷疑一下子湧了出來。在一群長期參加我的工作坊的學員面前，我眞的是不知如何是好，倉皇之中，我只能擠出一句話：「我們先下課休息好了。」等大夥都到團體室外頭，我跟她說了我的慌亂。充滿愛的她起了頭，我們一同接力完成了下面的故事：

「草原上有一個好喜歡奔跑的小男孩，小男孩穿著短褲、打著赤腳，跑遍了整個草原。小男孩最羨慕的是一位穿著長裙的小姊姊，每當風來的時候，小姊姊那有邊疆風味的長長裙子會隨風起舞。小男孩看看自己裸露的雙腳，好羨慕、好羨慕小姊姊的長裙，好希望自己也有那樣炫麗的東西……其實啊，小男孩的腳，厚實地踩在土地上，眞眞切切地和每一根草的紋路接觸著，扎扎實實地踏著每一個奔跑的步伐……小姊姊有長裙，但是小男孩有接近土地的一雙腳。」

長裙與裸露的雙腳，就是差異。看見差異，就有了獨特的可能。

我們緣分很深，三十六歲那年，我又有機會和這位前輩同台帶領一群受害者家屬做自我照顧的工作。在場子裡，她平易近人的說話，順暢地做治療。有一場進行到中途，被幫助的家屬哭得很深，她移動視線朝我看來，說：「哈克，來一段力量的冥想吧！」現場一點遲疑都沒有的我，拿起麥克風，配著音樂即席創作，說了一段關於力量的冥想。那充滿太陽的男性能量，在聲音出來的剎那，像陽光灑進陰暗的屋子般，帶來溫暖與力量，這是獨特的我。就這樣，我從看見自己與前輩的不同後，找到了我的獨特，也創造了與柔柔的月光很不一樣的美麗太陽。

平凡渺小，是事實，也等待被接納。你我都知道，我們都平凡，也都渺小。獨特與美麗，是要被發現的。發現差異，看見自己，經營自己，獨特就可能浮現，美麗就有綻放的可能。接納渺小與平凡，會活得輕鬆一些；擁有獨特，綻放美麗，就會活得精采！

信任自己正在經驗的

能信任自己正在經驗的，才真的把真實的部分當作自己內在的一部分。因為把這部分放進來了，它就不會像沒家似的在外面徘徊，於是完整的心才有機會好好存在。

人本治療學派創始人卡爾．羅吉斯（Carl Rogers）在他的著作裡提過一位叫雅倫（Ellen West）的女子，年輕的生命卻有好多嚴重的心理症狀。有意思的是，羅吉斯並沒有從精神病理學的角度看她，他從「trust my experiencing」的角度來看這些症狀的根源。

「trust my experiencing」直翻成中文是：「信任我正在經驗的。」

雅倫的症狀始於：她愛上一位外國男子，兩人訂了婚，但是父親反對。她後來決定聽父親的話，解除婚約，之後無法承受的精神症狀即蜂擁而至。

她未能「信任自己正在經驗的」，為了順從父親，否定了自己眞實的愛的經驗。雅倫因而對自己的經驗失去了信任與連結，無法接觸到自己深層的感受、渴望與需求，進而失去了對生命的熱情。連結和信任沒有了，眞實的經驗被否定了，於是只好生病。

做了十六年的諮商輔導，累積了上千次的晤談實戰經驗後，羅吉斯這個看似簡單的概念震撼了我。我在書的空白處寫著：「原來信任我正在經驗的，是如此重要！要相信我正在經驗的，才能好好地活著啊！」我發現自己在做個別諮商時，其實已不知不覺地依循著羅吉斯這樣的概念協助著個案。

聽見自己的真實，如實承接

三十二歲的小琪和我個別晤談了兩年多，前陣子，她開始有了一些好變化。小琪從剛開始對自己有很多的懷疑、常不自主地流淚難過，轉變成多了一些自信與對自己的喜歡。她很好奇自己的好變化是怎麼來的，於是問我：「哈克，我問你喔，你怎麼能只透過談話的方式，就讓我從底層的根部，慢慢一點一滴地變化了？你教我的方法，其實是很生活化、很一般平常的方法啊。」

我笑著回答：「我的確沒用什麼花俏的方法，但我從來沒忽略妳任何眞實的情緒。妳不安，我聽見；妳害怕，我了解；妳微笑，我看見。我聽見妳的眞實，如實地承接；於是妳也聽見了自己的眞實，承接著自己。妳逐漸一步一步地信任著自己的經驗，於是健康就跟著來了。我用的是心法不是技巧，這是最不花俏的方法了。」

小琪接著說：「原來是這樣的方式啊。我從你身上學到了如何眞實，如何把一個一個部分的自己認出來，接進來，然後底層就變化了。好神奇唷！這幾個月來，我覺得自己跟以前最大的不一樣，就是改變了看事情的角度和位置。我以前一直看著過去，現在慢慢地可以轉身背對過去，試著專心地看著當下。此外，我慢慢會跟著心的感覺走，而不是頭腦；會做自己想做的、對自己好的事。現在的我，眞的比以前更眞實了。」

在協助受困的人開展自己生命的過程裡，我發現：「真實地聽著，然後說『是的』，真的看見是這樣。」不假裝人生的苦難可以神奇地跨越，不希冀人生的掙扎可以用魔法「咻」的一聲抹去；於是當個案自責的時候，我不去告訴個案，這不是你的錯；我看著個案的眼睛，深呼吸之後，說：「我看見了你很深的自責，你真的覺得自己當時……」然後，陪著這個真實的自責，不假裝、不粉飾。人生的開展，常常是由這樣的靠近真實與擁有真實開始。

擁有真實的自己，人生才得以流動

讀著羅吉斯治療雅倫的故事，也讓我想起二十年前的自己。二十一歲那年，正在讀清華大學電機系三年級的我，經驗到的是，我其實看不懂電機系的書，量子力學、電磁學、光學理論，都已經遠遠超過我的小腦袋可以理解的範圍。即使我認真預習聽課，回家拚命做習題，我依然不知道那些抽象的數學式子到底是什麼意思。身邊所有的人都告訴我，電機的前程似錦（這倒是事實）；身邊所有的人都說服我，忍一忍，好日子很快就會來了（這倒未必）。

當時我正在經驗的是，我學習電機這門學問有困難；我正在經驗著的，還包括我開始發現自己對心理學有濃厚的興趣。我發現自己很能傾聽、很能表達、很有耐心。但問題來了！我要不要信任自己正在經驗的我，爲自己的可能發聲？還是，我該聽大家的話，好好念電機，然後到新竹科學園區工作，領取豐厚的收入？而今，看著羅吉斯的文字，對於那個二十一歲的我，有了新的看見：那麼年輕的我，決定要放手一搏，往心理諮商的路途前進，我其實是用盡全力地站起身子，爲自己「打了一場光榮戰役」（寫到這，腦海中浮現金曲獎得主亂彈阿翔唱著「我會用盡所有力……」）。

還記得大三、大四時，同學們曾形容我很憂鬱。是的，如果當年不是用盡所有力，爲自己打了那場光榮戰役，今天我可能還是很憂鬱，或者，更憂鬱。因爲我爲自己發聲、爲自己打了一場仗，才能夠擁有眞實的我，我的人生才得以流動。今天的我，能夠念到諮商輔導博士，能夠帶領一群年輕的諮商師學習諮商專業；正是因爲二十年前的我，願意相信自己正在經驗的，爲自己打了那一仗。

當我能夠信任自己正在經驗的，才能眞的把自己眞實的部分當作內在眞實的一部分。因爲把這個部分放進來了，它就不會像是沒有家似的在外面徘徊，於是完整、健康的心，才有機會好好存在。

親愛的朋友，你信任自己正在經驗的嗎？如果有一場光榮的戰役要打，你的戰場，在哪裡？

遇到困境與批評怎麼辦？

發現自己被困在批評裡，就可以對自己說：「啊！我又在黑色墨汁大池子裡了，天哪！」然後，可以轉身讓自己靠近有陽光照耀、有土壤滋養的園地。

從小，我們被教育要負責。

我們被要求的負責，常常是負責把別人交代的事情做好，久而久之，就會很討厭這兩個字。好像伴隨負責二字的，多半是責備、不滿意的感受。

但是，我很喜歡「自己負責」這幾個字。

自己負責，我的快樂從哪裡來；自己負責，我的生活有意義、有滿足、有進步；自己負責，吃得健康、規律運動；自己負責，辨別身邊人的種種樣貌，讓質地單純善良的朋友靠近我；自己負責，保護我的創意源頭，不讓世俗的要求，以及會讓我們偏離生命核心的讚賞、獎勵侵入我的水源地。

當人們說「我應該要負責……」時，容易陷入被要求的難受裡；當我們說「我想要自己負責……」時，我們容易有力量在身上。

有一回，我跟好朋友聊天，有感而發地說了一段話。我說，昨天我聽到一個壞消息，是很直接針對我個人的批評。我從小就很怕被罵，一被批評，很自然就像小時候被罵一樣縮了起來；一縮小，身體和內在就都瞬間凍住了。還好這些年來，我在心理治療的大江大海裡闖蕩，持續地有長出點好東西來。因此，當我一發現自己縮小、發現身體僵硬無法順暢移動時，心裡就會跳出一個聲音，這個聲音說：「我自己負責移動我的眼睛！」意思是：批評來了，如果有我需要改進的地方，好，我改。之後，我就可以自己負責移動眼睛看向哪裡了。

自己負責移到有陽光、有愛的地方

人待在被批評、被鞭打的氛圍裡，很難成長，因爲那樣的氛圍充滿了負向能量。在負向能量裡，我們不會喜歡自己，我們的力量不會充沛。那怎麼辦？面對批評，如果的確有哪裡要改進，那就做決定，眞的去慢慢改變。重點是，接下來不要沉浸在被批評的黑色墨汁大池子裡；要做的是，自己負責移動眼光。移動到哪裡？移動到陽光下有肥沃土壤、有愛的地方，移動到有支持、有鼓勵、有關心的所在。

於是我負起自己的責任：我打開手機，開啓存檔的簡訊，那些沒被我刪除的，基本上就是身邊愛我的人的佳句大集合。打開的第一封，是在桃園當輔導老師、跟我很親近的學妹傳來的。想起了那天，學妹舟車勞頓來到苗栗農工，在我的「夢境探尋工作坊」裡當了一整天的助教，傍晚我在回家的自強號上，收到學妹傳來的簡訊：

「哈克，請收下我深深的感謝和觸動。今天體會到潛意識的力道，以及感受你那充滿細緻語言的引領，我自己也彷彿浸潤在療癒的氛圍與路徑裡，有你在眞的很好！」重看一次，感受自己存在是有價値的，再一次接收了美好的愛的能量。然後，再看下一封。爲什麼要看第二封？因爲只有一封愛的滋潤，不夠抵擋黑色墨汁的指責能量。

第二封簡訊，是有一次在澳門帶完工作坊，我在人來人往的國際機場大廳隨著排隊的人潮移動時，收到澳門的朋友傳給我的簡訊：「哈克，想說你會不會想要帶蛋塔給你女兒吃？我在十一點前都有空，可以替你去買喔！」

再看一次，還是深呼吸！深呼吸說著：有人願意這樣關心我、掛念我，我應該不是一個太差的人吧！然後，再看下一封。

脫褲子做自己

很多朋友都知道，我夏天幾乎只穿短褲。但是帶工作坊時，不好意思一開始就穿短褲，所以我都會穿那種有拉鍊、可以讓長褲變短褲的野外休閒褲，而且江湖上有傳言說，哈克只要脫下褲管，短褲一上身，說起隱喻故事來就特別好聽。有一次，我在高雄帶一群諮商師與社工的兩天隱喻與故事工作坊，第二天講課之前的那個清早，我收到生命裡換帖的好朋友從步行走上太魯閣的山路上，傳來的簡訊。這封我典藏了兩年的簡訊是這麼寫的：

「是的，我們都在爬山。我踩著腳步，感受著風和烈日，去理解山的律動。你呢？褲子脫了嗎？許多人會因爲你脫了褲子，而開始有了看山的視野。我現在餓死了，要來吃點乾糧了。」

這封我已經看了不下五十次的簡訊，再看一次，依然觸動！觸動的是，有朋友這麼懂我，鼓勵我「脫褲子做自己」。而我更清楚地知道，如此特立獨行的我，不被批評，其實幾乎是不可能的。同時，我也知道，如果我什麼都跟別人一樣，就不會被批評、被指責，我就不容易被中傷詆毀。但是，如果我什麼都跟別人一樣，我就沒有獨特之處可以展現生命的力道了。

是的，獨特與堅持，眞的會招來批評；同時，獨特與堅持，也喚起我生命的味道。

連看三封簡訊之後，我「自己負責」把眼睛從負向的經驗裡移開，帶著願意改進的心，在愛的鼓勵與支持的氛圍裡，用自己的雙腿好好站立。

轉身讓自己帶著正向能量繼續前行

「有批評才會成長」這句話我們從小不知聽了多少次，這句話並沒有錯，只是沒有講清楚，沒有講完整。

真正懂我們又愛我們的人，如果看見我們有缺陷而提出建言，那是很美好珍貴的人生經歷。只是大部分批評我們的人，不是像他們嘴巴說的那樣「我是爲你好」，大部分批評我們的人，都是因爲他們習慣這樣批評人。

那怎麼辦？如果批評來了，我們先辨別有沒有我們可以負責的部分，有就記在心裡。然後，接下來的重點是：不要活在批評的陰影裡。因爲批評你的人，不一定是喜歡你、關心你、愛護你的人，他們通常也不是你未來會想要成爲的樣子。如果讓自己一直活在批評裡，我們會不知不覺地扭曲自己，逐漸符合了那些我們不想成爲的人。而且，一直把眼光放在批評的世界裡，你會越來越難受，越來越不舒服，能量越來越低。這麼一來，根本就沒有進步的動力與往前的心力。

所以，如果要進步成長，就要記得把自己的眼光，從被批評的世界裡，移動到那些眞心愛我們、鼓勵和支持我們的世界裡。因爲在這樣的氛圍裡，我們會一邊成長，一邊喜歡自己，而不是表面上成長了，表現好了，但卻越來越不喜歡自己。

做諮商輔導的經驗裡，我遇見好多能力很強、發展很快的人，這些人照理說應該會是成功快樂的候選人才對，但是，很多這樣的人，卻不喜歡自己。這些人的自我概念（self-concept）很低，因爲他們實在是不喜歡自己。在媒體上，每隔一段時間就會看到明星學校資優生輕生的新聞，爲什麼這些能力不錯、表現優異的孩子會做這樣的選擇？有一部分原因，可能是他們用盡了全力要長出別人期待他有的能力，卻也同時一步步成爲了不喜歡自己的人。當自己負責移動眼光到愛的情境裡，我們才更有機會一邊長出新東西，一邊越來越喜歡自己。

所以，下次如果發現自己又被困在批評裡，就可以對自己說：「啊！我又在黑色墨汁大池子裡了，天哪！」然後，可以轉身讓自己靠近有陽光照耀、有土壤滋養的園地，讓自己帶著正向能量繼續前行。

移動眼光，說起來簡單，做起來可不是很容易的事。謝謝我親愛的學妹，謝謝我換帖的好朋友，謝謝遠方記得我的好朋友，是你們讓我有愛的地方可以回去。

修水管，還是換水管？

水管生鏽了，你會思考為什麼生鏽，還是去找個好水管，換掉舊的？有些時候不用悶著頭一味地去想原因，而是把力氣花在為自己的生命加上新東西。

幾年前，我的部落格剛開張時，好朋友阿珮在我的留言版裡，留下了她的第一個留言。後來，我們在MSN上有了這麼一段對話：

哈克：「阿珮，妳的留言留得眞好！很有水準耶！」

阿珮：「你眞的喜歡我的留言嗎？」

哈克：「眞的。」

阿珮：「我知道你說的每一句話都是眞心話，但即使像你這麼可以信任的人，我心裡有時還是會有疑慮跑出來。我明白，其實是自己在懷疑自己，但就是不懂自己爲什麼這麼愛懷疑呢？」

哈克：「妳可以繼續思考爲什麼，也可以直接去接收新的訊息——知道自己被喜歡、被肯定、被擁抱的新經驗，然後成爲新的自己。就好像水管生鏽了，妳不會去思考爲什麼水管會生鏽，妳會去找一個好水管，換掉舊的。」

阿珮：「可是總想查出水管爲什麼生鏽了？不是知道生鏽的原因，就可以對症下藥了嗎？可能就修好了，也不用換一個新的。」

哈克：「生鏽的水管，本來就要換掉。妳看過有人花錢修理生鏽的鐵管嗎？」

阿珮：「剛剛在回應你的時候，發現了自己一直執著要修水管，不想換水管，也許是害怕那個新的水管。因爲它新，以前沒看過，不曉得它究竟長什麼樣子。」

哈克：「對，因爲新，所以不熟悉；因爲不熟悉，所以會怕；因爲怕，所以就卯起來想，爲什麼舊的會這樣？人一旦卯起來想爲什麼，就可以不用去面對新的與可能伴隨的害怕擔憂。」

阿珮：「懂了！當你說我的留言有水準的時候，就把這些好收起來，當作是自己『新』的一部分。慢慢收，慢慢收，然後一個新的自己，就會慢慢出現了，對吧？」

哈克：「完全正確！」

傷痛還要繼續挖嗎？

這個「換新水管」的概念，源自於家族治療師薩提爾，她提出了一個很創新的概念，叫做「Add-On」，直翻成中文，就是「加上去」。薩提爾認爲，有些時候不用悶著頭一味地去想到底爲什麼會這樣，而是把力氣花在爲自己的生命加上新東西。

許多人，包括做心理諮商的專業人士，有個習慣或傾向，就是很喜歡找源頭。找問題的源頭，找困住的源頭，找找找找，很用心認眞拚命地挖挖挖……這樣的習慣與傾向，背後有一個很難被撼動的信念：「如果我挖得夠深，走得夠裡面，我就可以發現爲何我會如此難受的根源，然後我的人生就有可能會有很好，甚至很神奇的變化。」這個信念，有錯嗎？

沒有錯，這個信念，很多時候是對的。我自己三十五歲以前，也是深信不疑。

只是，當你挖了一段歲月以後，即使已經挖得差不多了，你卻變成「很習慣繼續挖」。像是眼光持續的停留在房子後院的大樹根，而忘了，房子前方有一大片土地，而陽光其實挺充足，正等著你去開墾。

這，不是不對。

只是，眞可惜。

往深處挖，找出問題、困境的源頭，在人生經營上是「發現」的歷程，或者有些人較熟悉的語詞是「察覺」。我十幾年來在諮商室裡，幫個案一個接一個奮力的尋找，「爲什麼我會那麼沒有安全感？男朋友和我吵架摔門、冷酷離去時，爲什麼我會慌亂得無法承受，在地板上打滾像個不知所措的五歲小孩。爲什麼？是因爲愛我的保母突然在一通電話之後，就驟然消失嗎？是小時候受過什麼傷嗎……」

這個發現探索的過程，有沒有讓個案變健康？有時候是有的。多了對自己深刻的了解，找到了源頭，多懂了自己。只是，有時候因爲忙著處理過去的傷痛，就沒有力氣經營現在了。

所以，我們可以這樣問：還要繼續挖嗎？眼光還要繼續停在庭院深深的大樹根底下嗎？如果不繼續挖了，可以走向何方？「創造」是一個可能的新方向。房子前方一大片值得開墾的土地，是創造的園地。「創造」的另一個說法是：讓自己擁有一個又一個的新經驗。

問自己可以做點什麼新的？

話說，我的大女兒兩歲大的時候，有一天無預警地吐了，連吐了三次。原本一看到孩子生病就會慌亂的我，想起了靈性層次很高的前輩朋友照顧她兒子時的安穩，於是我跟自己說，「來，來試試看，來傳遞很單純很單純的愛，給我心愛的孩子。」

於是半夜兩點，我在黑暗中抱起因爲人生第一次吐而很害怕的女兒，充滿愛的擁她在懷裡，輕輕柔柔穩穩的跟她說：「黃阿赧，把拔愛妳，把拔好愛妳，把拔好心疼妳……把拔抱著妳，照顧妳……」出乎意料之外的，害怕的小妹妹原本淒厲的哭聲，可能因爲爸爸的安在與流動的愛，慢慢慢慢地變小聲，變成啜泣，然後安靜的把頭靠在我的胸膛。

隔天早晨，我騎摩托車帶她去幼稚園，原本以爲經過一夜折騰之後，女兒很可能會哭著不要進幼幼班教室。有意思的是，可能因爲昨夜我們夫妻倆一起合作給了小妹妹挺不錯的承接，可能是我抱著女兒的時候，給出的愛很專注，小妹妹只有在我幫她脫鞋子的時候，兩隻小手比平常用力一點抓著我，然後，自己背著小書包，繞過我身旁，走進了幼幼班。兩位疼愛她的老師和我，都異口同聲地說：「黃阿叔，你好棒喔！」黃阿叔突然轉身，無預警地撲回蹲在地上的爸爸懷裡，捧著我的臉，尋找沒有鬍子的地方，左邊輕輕地親一下，右邊柔柔地親一下，又緊緊地抱我一下……然後，安穩地轉身，走進幼幼班。

這孩子學會了爸爸媽媽用一輩子的時間才學會的事情——用帶著愛的連結來說再見，而不是我們從小學會的，透過衝突與疏離來說再見。騎著摩托車離開幼幼班，我突然覺得今天的陽光特別美。於是，那個夜晚、這個早晨，我看著門前廣闊的土地，很用心地播下了一個好種子。因爲願意嘗試新行爲，創造了人生新的可能。

我可以繼續思索，爲什麼我看見孩子生病就會如此慌？這，就是繼續挖樹根、繼續修水管。我也可以移動視線，看見屋前的廣闊草地，然後問自己：「可以來做點什麼新的？」這，就是創造的開始，也就是停下了挖樹根、找水管生鏽原因，從忙著處理過去，移動到開墾現在與未來。

因此，有些時候可以多一點探索、多一點覺察、多一點發現；同時沒忘記可以創造，可以擁有從來沒有過的新行爲與新經驗。於是，時候到了，可以從後院的大樹根移動轉身，扛起鋤頭，提著水桶，來開墾門前的大好園地！

我把自己放得太大或縮得太小？

有時候，我們會把自己想像成比真正的自己還要大，因而接下了自己承受不了的任務或決定。不是說不能把自己想得大一點，而是要知道自己正在撐大自己。

我有一位很有意思的朋友，綽號叫「小瓜呆」。小瓜呆是我清大電機時期的同學，我們一起打排球、聯誼、看彼此談戀愛、拿鋼杯吃香噴噴的泡麵……小瓜呆現在服務於高科技公司的專利部門，我們雖在不同的領域裡耕耘，仍然有很靠近、親近的時候。有一次，我和小瓜呆在MSN上有一段「普羅大眾的智慧」與「心理治療師」的對話：

哈克：「最近有何新體驗？」

小瓜呆：「昨天領悟到一件事，我不需要追求快樂或幸福，只要讓心平靜穩定，快樂與幸福就不遠了，而且追求的心常與平靜穩定背道而馳。」

哈克：「頗有禪機。我今天早上讀的書，跟你說的很接近，就是『回到中心』，平靜就來了，安在就來了。於是，當美麗發生，就能夠完整地欣賞美麗；當被愛了，就能夠充分被愛，幸福感隨之而生。」

小瓜呆：「對。遭遇到不順時，也比較不會隨之起舞，而且把不順看得更清楚，就知道怎麼去面對或處理了。」

哈克：「你剛剛這句話，我用心理諮商的學習來翻譯，就會變成：當平靜安在的時候，即使遭遇不順，也不會丟掉自己、自暴自棄，或者怨天尤人。因此，能夠眞的擁有這個經驗，進而有轉化的可能。」

小瓜呆：「對，就是不會丟掉自己；隨不順而起舞，或是隨不順而起怒、怨，以及其他負面情緒，常會丟掉自己。」

哈克：「這些負面情緒如果持續存在，就是讓人產生心理症狀的開端。難就難在如何平靜？有請小瓜呆前輩解惑？」

小瓜呆：「我的方法是：『把自己擺在一個適當的位置，大小剛好。』我覺得，之所以不能平靜，常因爲我們把自己放得太大或縮得太小，過於看重或看輕自己。」

哈克：「你說的『把自己放得太大或縮得太小，過於看重或看輕自己』，在治療的概念裡，就是『離開了如其所是』。也就是說，沒有活在『眞實我』的世界裡，而是活在『虛胖的理想我』裡，或是活在『貶低我』裡。」

小瓜呆：「這樣說很精確。」

哈克：「如果我們可以對正經歷的事情給出一個好名字，就容易讓自己回到如其所是。前幾天，我和太太都覺得黃阿赧變胖了，因爲變胖了，就好像沒有之前可愛了，可是不想接受她變胖而不可愛的事實，所以越看她就越覺得不可愛。因爲女兒眞的是變胖了，可是因爲不願意接受這個眞實，於是就失去了眞正的接觸。後來，太太幫女兒取了『小田雞』的綽號，結果每次一叫她『小田雞』，就覺得眞的像肉肉的小青蛙，黃阿赧又可愛起來了。只是一個名字的小變化，就這樣回到了如其所是。」

我把自己放得太大了

人，什麼時候會把自己放得太大？

有時候，我們因為期待自己做更大的事，或是做得更好，會把自己想像成比真正的自己還要大，因而接下了本來自己承受不了的任務或決定。這樣焦慮、擔憂、害怕就容易接踵而來。不是說不能把自己想得大一點，而是，要知道自己正在撐大自己。

不久之前，有一次我和太太一起去大賣場買東西，我因為不喜歡買鮮奶時，一直被銷售的阿桑推銷一定要買她的牌子，因而匆忙地挑選了另一個牌子的中瓶鮮奶。可是，太太覺得孩子最近鮮奶喝得多，一定要買大瓶的。最後挑來挑去，還是買了那個阿桑推銷的大瓶鮮奶。哎喲喂呀，我的生氣按鈕瞬間被按下，就氣呼呼地生氣了大半天。

氣過之後，我心裡覺得迷惑，奇怪自己最近怎麼很容易因為不如意的事情就大生氣呢？當天傍晚，打完網球、流完汗、騎腳踏車回家的途中，突然頓悟（運動之後很容易頓悟喔！）：「啊！我知道了！我把自己放得太大了啦！」我發現，這一陣子，我因爲用心寫書，也忙著籌畫「心動台灣一二〇」（注）的大計畫，一不小心，就把自己放得好大好大，以爲自己是戰場上威風八面的大將軍。於是，當回到現實的家庭生活裡，太太堅持自己的想法而不聽我的時候，我的情緒就大爆發了。

知道了，覺察了，就承認吧！騎著腳踏車回到家裡，一進門，我就說：「太太，我發現，我把自己放得太大了啦！我一心要做大事，結果就活在大將軍的世界裡，回到家裡，一下子回不到我在夫妻關係裡的大小……」太太笑笑，看著我說：「你能想到這樣，又願意說出來，眞不容易。」承認了，說出來了，又被接住了，就火氣全消了。

回到如其所是的位置，並不容易，因爲我們常常期待自己能更好、更美、更優秀。同時，也只有回到如其所是的位置，我們的雙腳，才會踩在眞正的土地上，才能邁開前行的腳步。

注：心動台灣二二〇，是哈克從二〇一二年發起的十年一百二十場免費工作坊，號召台灣本土治療師，一起輪流帶領工作坊，讓想學習諮商治療的年輕朋友，可以不用擔心錢不夠，而無法參加工作坊。因而在人生最需要學習的階段，能有豐富的學習機會，也能看到不同治療風格的前輩真實的樣子。

整合內在喜歡與不接納的自己——並存練習

當「不接受的自己」與「喜歡自己的部分」瞬間整合的時候，我們得以維持真實，並且可以著地，於是有機會不耽溺於自己做得很差的部分，也看見生命中其它的美好與努力。

身邊許多朋友常常迷惑著，「眞實」與「說實話」之間的差別。有些人覺得，如果要活得眞實，就必須要說實話。我的想法是，兩者要分開來看。眞實，是對自己；而說實話，是對別人。換句話說，對別人說實話，是爲了對得起別人；而眞實，是對自己說實話，所以是眞正的對自己負責。

幾個年輕朋友接二連三地問我類似的問題：「哈克，同事約我吃飯，可是我不喜歡跟那個同事吃飯，怎麼辦？」這個疑問表面上聽起來挺白痴的，就說「我不餓」就好了呀！可是，白痴的背後，常常是因爲心裡有一份堅持，就是「我不想說謊」。

不說謊，是一份願意，是一份堅持，即使這樣會活得比較辛苦。我佩服這樣的堅持與願意，同時，也覺得如果眞要活得好，與其堅持對別人不說謊、說實話；不如好好來學習如何對自己說實話，活得眞實。

接納內在真實自我的三步驟

我們以前面「不喜歡的同事約我吃飯」爲例，來說明如何對自己負責，讓自己活出眞實的三步驟：

步驟一

禮貌性地回答（對別人不完全說實話）：「謝謝你邀請我。但我今天早餐吃得很飽，我先忙一下，等告一段落後，隨便吃一下就好了，你先去囉！謝謝你。」

步驟二

眞實（對自己說實話。在心裡跟自己說，或者小聲地自言自語）：「我知道自己是因為並不享受跟這個朋友一起吃飯，所以剛剛才那樣說。同時，我也知道，對於朋友，我有我的偏好，有些我很喜歡，有些我想保持距離，我接納這樣的自己。」

步驟三

對自己完全眞實：「（在心裡跟自己說，也可以自言自語）剛剛我選擇不說實話，是為了照顧我自己，讓我生活過得更好，同時我知道眞正的實話是什麼。這是我的選擇，我喜歡這樣的選擇。同時，有機會而且自己狀況好的時候，我願意選擇更打開自己，多認識身邊的人。」

步驟二和步驟三的差別在於：步驟二的內在對話是「是的，這是眞實的我。」這樣的對話，是把眞實的自己認回來。但是，如果只有認回自己、接納自己，有時候會因爲太安全、太舒適，而變得有點怠惰、不長進。不長進的人，一不小心就會變得不太可愛，因而不被喜歡。爲了避免這樣的事情發生，所以才需要有步驟三的存在。步驟三做的是：站在認回自己、接住自己的基礎上，打開可能，願意嘗試原本不熟悉、不確定的其他可能。因爲敢嘗試，所以會有成長、有精采、有豐富，因而活得有意思。

上面這三個簡單又可操作的步驟，說不定會讓我們更喜歡自己囉！

讓自己真實又美好的並存練習

許多人以爲自己活得挺眞實，其實不然。

有人在上台報告前，明明很擔心自己會表現不好，卻一直跟自己說：「我一定會表現得很好！不會有問題的！」這樣的自我激勵，看似很有力量，其實虛到極點了，這樣眞的不叫眞實，更不會產生力量。從相反面來說，一樣是上台報告前心裡有一份擔心，怕自己表現不好，這時心裡的自我對話是：「完蛋了，這次死定了，唉！」這樣的哀嚎，看似會提醒自己努力準備，其實帶來的也常常是反效果，先把自己給嚇死了。

這樣的兩個極端，都不真實，都沒有對自己說實話。那要怎樣才是真實，才是對自己說實話呢？很單純，只要使用「並存」的概念就可以很健康地操作，試試看這樣對自己說：

「是的，我有擔心，以前的經驗會讓我對自己的表現有挺大的擔心。」

「是的，同時，我也會盡力準備，看看還可以多準備些什麼。」

「是的，我有擔心；是的，我也會盡力準備，這兩個都是我，而我比這兩個還多更多。」

接下來，我們用更清晰的並存句型，來看看可以怎麼把並存的概念落實在生活裡：在句型裡，A是練習的主角（自己），B是陪伴者或自己。也就是說：你自己是A，你可以找一個好朋友當B，來陪伴你一起練習；也可以自己當B，自己陪自己練習，兩者都是很好的選擇。

並存句型

A：「我想讓你看見我是一個……的人。」

B：「是的，我看見你是一個……的人。」

A：「我擔心你會看見我是一個……的人。」

B：「是的，我也看見你是一個……的人。」

B：「是的，這兩個都是你，同時可以擁有這兩個，眞好……你擁有的，比這兩個還多更多。」

A：「是的，這兩個都是我，同時可以擁有這兩個，眞好……我擁有的，比這兩個還多更多。」

以前面即將上台報告會緊張的事情來當例子：

A：「我想讓你看見我是一個上台報告用心準備，想要表現得很好的人。」

B：「是的，我看見你是一個上台報告用心準備，想要表現得很好的人。」

A：「我擔心你會看見我是一個擔心、緊張、焦慮的人。」

B：「是的，我也看見你是一個擔心、緊張、焦慮的人。」

B：「是的，這兩個都是你，想用心準備表現傑出是你，緊張、焦慮、害怕也是你。同時可以擁有這兩個，眞好……你擁有的，比這兩個還要多更多。」

A：「是的，這兩個都是我，想用心準備表現傑出是我，緊張、焦慮、害怕也是我。同時可以擁有這兩個，眞好……我擁有的，比這兩個還多更多。」

這個句型看似簡單，可是後座力十足。當我們「不接受的自己」與「喜歡自己的部分」瞬間整合的時候，我們得以維持眞實，並且可以著地。這個是我，那個也是我，於是我們有機會不耽溺於自己做得很差的這塊。因爲當我的眼睛貼著我做的很差的小黑點，我就只會看見一片漆黑，而看不見我生命中其他的美好與努力，看不見我的生命原來有這麼大塊！

那天，在心動台灣一二〇的首場工作坊裡，面對著從南到北來到台中的滿場參與者，我有感而發地說了一段話：「完美，不會眞好；眞實，才會眞好。什麼是『眞好』？眞實而美好，才是眞好。」

十幾年來，我使用上面的並存句型（注）來讓自己落地不會間歇，重新接觸自己、接受自己。親愛的朋友，你有哪些「是的」，等著被深呼吸落地呢？

注：並存句型是由史丹佛大學心理學博士暨艾瑞克森氏催眠的首席講師史蒂芬．吉利根博士所提出。

PART 2

從自己的故事裡，長出自信來

——找到養分，長出力量

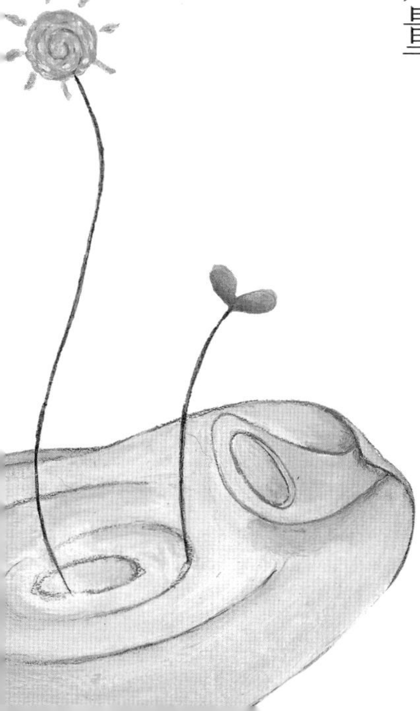

爲自己找到一個位置

人若被看見、被欣賞了，就擁有了美好的資源經驗。擁有了資源經驗，就有力量把另一個被忽略、被推走的挫折經驗接進來；於是，生命就真的可以又真實又美好。

做爲大學教授，除了概念與知識上的傳遞，我能給學生的，常常是一份看見的眼光。課堂上、下課的走廊、個別諮商室、團體諮商室，我眞心地給出我的欣賞。

我說：「哇！你的鬍子好帥，很有個性喔！」學生總會笑得很開地回應說：「沒有啦，老師你的比較酷！」我說：「換髮型啦！是不是春天的腳步近了！」靦腆的女生聽了，微笑點點頭。短短的一句話，學生聽到的是：「老師記得我之前的髮型耶！哎喲喂呀，老師知道我很想談戀愛喔……」

有時候，年輕的孩子，眞的很需要被記得，也想被知道、被懂。一個孩子沒辦法好好愛自己、珍惜自己，常常是因爲生命裡沒有人眞心停下來好好愛他／她。沒有被好好滋養、疼惜的心，眞的有困難珍惜自己、愛自己；因而我常常認眞地強調「記得」的重要。孩子若常常被記得，就會慢慢地打從心裡知道，自己是値得被愛的。因爲只有愛我的人，才會記得我啊！

看見，讓人擁有自己的位置

「你彈爵士鋼琴喔！彈多久了？」這是在大學教書時，某個早晨的第一堂課，我對一位大一男生說的話。

這個瘦小、戴著黑框眼鏡的男生，上個月在攀岩場四層樓高的頂端，死命地抓著欄杆，對垂降有著無法表達的極度恐懼……所有的同學都英勇或膽怯地垂降下去了，他仍站在邊邊，害怕地說：「眞的不會有危險嗎？」我在攀岩場的頂端，旁邊有幫忙的學長，還有專業的攀岩教練。

學長們鼓譟著要我催眠他，好讓他趕快垂降下去，我當然不會這麼做！我深呼吸一口氣，看著他說：「會害怕，是正常的。」就只是看著他，不說那些話，那些會讓他更覺得自己膽小、沒有男子氣概的話。他瘦小的身子，發抖掙扎著……躊躇了十幾分鐘，安全垂降了。我心裡擔心著：「這個孩子才大一而已，接下來要怎麼適應休閒保健學系這麼活力四射的環境啊……」擔心就只能先放在心上了。

隔數週之後的星期一，聽說因爲這個男生參加校外大型的爵士鋼琴比賽，成績很好，爲校爭光，這個孩子因而將在學校的週會上，爲全校同學表演爵士鋼琴。我的心，震了一下，哈哈！這下可好，這個孩子有位置了。

星期二，剛好要上大一的心理學導論。走進教室，我把筆記型電腦放在第一排的桌上，準備接投影機，這個瘦小的男生一如往常，坐在第一排。我看著他，說：「ㄟ，你彈爵士鋼琴喔！彈多久了？」

被看見的男孩笑開了嘴，說：「我學古典鋼琴十年，轉練爵士鋼琴才十六天就去比賽了！」上了幾乎一整個學期的課了，這是我第一次看到他充滿自信的眼神。我看見了，就欣賞地看著，也放心了。我知道，沒有同學會小看這個孩子了。

那雙在琴鍵上飛舞的手，與在攀岩場上發抖的手，是同一雙手。

這雙手，擁有自己的位置了。

把美好的資源與挫折的難受，一起握在手裡

事隔幾年回想起這位學生，我心裡想著的是，如果有機會讓我再陪這個孩子多一點，我就會在下課十分鐘的空檔，教他並存的方法：

「來！坐正，深呼吸。很好……伸出左手掌朝上，說：『是的，攀岩場頂端發抖的雙手，是我。』深呼吸，收進去；然後，伸出右手掌朝上，說：『是的，琴鍵上飛快的雙手，也是我。』再一次深呼吸，收進去；然後，把兩隻手慢慢移動到中間，握住，帶著深呼吸說：『是的，發抖的手，是我；彈琴的手，也是我。這兩個都是我，同時擁有這兩個眞好。而我，比這兩個還要多更多。』」

一個孩子被看見、被欣賞了，就擁有了美好的資源經驗（右手那一個）。擁有了資源經驗，就有力量把另一個被忽略、被推走的挫折經驗接進來；於是，生命就眞的可以又眞實又美好。

找不到獨特，就來創造美麗

一個關心的問候，可以是一份美麗；一個燦爛迎人的微笑，也可以是一份美麗。把追尋獨特的力氣，拿來創造生活裡一個又一個的美麗經驗，會不會也很美好呢？

我們，你和我，其實都很平凡。

因爲太平凡，當我們想努力找尋自己的獨特之處時，常常很難找；因爲很難找，所以有時會眞的找不著。於是，找不著又很想找的挫折持續累積，一不小心對自己的不喜歡，也跟著越來越多。

這個世界上，眞正獨特的人，其實很少很少。台灣能有幾個林懷民，能有幾個張忠謀，能有幾個朱宗慶，能有幾個蔣勳？於是，困境來了。我們望著遙遠的目標，奮力往前，卻在一次一次的努力之後，發現怎麼樣都走不到那裡。於是，不知如何是好，困難地看著自己不得不面對的——平凡。

幾年來，從南到北找我做諮商輔導協助的朋友們，有不少是掙扎著尋找自己的獨特。有時努力找到了一點點獨特之處，不久卻又發現：「很多人都有這個，好像不怎麼特別啊！」

其實，我們都很平凡。平凡，其實沒有什麼不好。

從小，我們就經常聽到：「每個人都會找到屬於自己的天空。」「每個人一定都會有自己的獨特之處，只是你還沒找到……」這樣的話語，激勵著我們繼續成長，努力尋找。可是，會不會也因爲這樣遙遠的追尋，反而讓我們更難接受自己平凡的事實？

何不，就確認自己眞的很平凡；然後，好好著地，來創造生命中一個又一個的美麗，經營出跟這個人、那件事在一起的美好時刻。所以，我常說：「如果找不到獨特，那就來創造美麗好了。」

你也可以為相遇的人創造美麗

在大學教書的幾年裡，有個個子不高的男生，我一直都記在心裡。記得有一天，在學校大大的游泳池，在「同理心」與「壓力管理」兩堂課之間的空堂，我抽空去泡泡水，順順能量。游了兩趟，在岸邊的水裡休息著。系上這位十九歲、個子不高的男生，正在游泳池當救生員，直直的朝我走過來，蹲下身子，怯生生地問：

「老師，爲什麼女生會喜歡兇兇的男生？」

我心裡猜，這個溫和的孩子，願意聽女生的心事，但是心儀的女生卻喜歡別人，而在她感情受挫、心情不好的時候，會跟這個善良的男孩訴苦……於是，我沒有回答他的那個問題，而直接解答了他心裡最可能的疑惑。

看著他，我認眞、溫和地說：「老師跟你說，你很善良，請你繼續用善良的心、溫和的心，去聽你喜歡的女生說她的心事。請你繼續好心下去……如果這個你喜歡的女孩沒有能收到你的好，那她可能就不適合你。後來，你會繼續善良溫和地對待另一個你喜歡的女生，然後你會等到的。」

怯生生的十九歲男孩，張大了嘴巴說：「老師，你怎麼才聽我說一句話就知道了！」

我微笑看著他，說：「要繼續好心喔！」

沖了水，擦乾身體，我搭電梯回研究室。天黑了，我發動車子，開車要去校園遠遠的另一端上進修推廣部的課。遠遠的，男孩看見了我，大大地揮著手跟我說再見。這個傍晚，在游泳池畔，因爲我停下來，聽見十九歲男孩的心，於是我創造了一個美麗。這個傍晚，個子不高的男孩，因爲鼓起勇氣問了心理學老師一句話，更堅定了自己有能力，也有機會遇見未來的美好伴侶。

幾年前，當時一歲的小女兒經歷了人生第一次發燒、第一次吃藥。太太抱著小女兒要餵藥，小女兒哇哇叫，大力扭動著身體說：「不要吃藥！不要吃藥！」大女兒從客廳走了過來，牽起了妹妹的手，說：「毛毛，妳吃藥，吃完藥姊姊幫妳拍拍手喔！」神奇的是，毛毛竟然就乖乖安靜地吃藥了。牽著妹妹的手，大女兒創造了她三歲生命的小小美麗。

有一次，去平鎮高中帶一場輔導研習，成員是一群可愛的高中輔導老師，主題是生涯卡、愛情卡帶領人訓練。一進團體室，滿屋子幾乎都是我不認識的老師，這時一位清湯掛麵的年輕女老師走了過來，說：「老師！我在朝陽大學念書時，上過你的課。得知這個研習是你帶的，就好興奮喔，本來今天我要帶大學時上你課的筆記本來的！」

那是七年前的事了，我在朝陽科大兼任通識課程，教創造力與生活，社工系和幼保系的學生很多。年輕女老師這麼一段短短的話，就溫暖了我的心。七年前的一門通識課，這個孩子還保留著當年的筆記本……短短卻情長的一段話，讓我相信自己是有價值的。這個年輕的女老師，在這個早晨，也創造了一份珍貴的美麗。

「如果找不到獨特，那就來創造美麗好了。」

一個關心的問候，可以是一份美麗；一個燦爛迎人的微笑，也可以是一份美麗。把追尋獨特的力氣，拿來創造生活裡一個又一個的美麗經驗，會不會也很美好呢？

自信怎麼來？

自信，來自於對自己的喜歡；對自己的喜歡，來自於真的接受自己的限制，以及活出自己的好。

一位年輕的朋友在MSN上問我：「哈克，是什麼讓你可以這樣自信的存在著？」我在心裡對自己說著，也回答她：「妳比我年輕好多歲，而歲月可以胡亂走過，也可以一步一步地累積無價的內在能量。」

「自信怎麼來？」且讓我來好好地、完整地回答：

自信，來自於對自己的喜歡；對自己的喜歡，來自於眞的接受自己的限制，以及活出自己的好。更直接地說，就是：因爲接受自己的限制，加上能夠活出自己的好，於是會越來越喜歡自己，而累積了對自己足夠多的喜歡，自信就來了。

從最基本的位置說起——怎麼樣能接受自己的限制呢？

我有很多限制。有些人會稱之爲缺點，我喜歡稱之爲限制。我和親愛的老婆逛街的時候，我很難陪著她一件一件地試衣服；我脾氣拗起來的時候，像個五歲的小男生，很難照顧；開會的時候，我很難乖乖地在座位上，總是會動來動去；還有好多……我有好多的限制。我的限制和我擁有的好特點，幾乎一樣多。

健康的朋友能接納你的限制

那要如何接受自己的限制呢？找到健康的人來當朋友，是重要的第一步。眞正健康的朋友，因爲接受自己的限制，也喜歡自己的優點，所以，能夠毫無保留地欣賞我的優點，會讚嘆我的好。而見到我的限制時，也會笑一笑，然後說：「呵呵！哈克就是這個樣子！」

「呵呵，他就是這個樣子。」這樣一句帶著微笑的話語，裡頭充滿了對限制的接納。這樣的語句，背後傳達的含意是：「雖然你……我還是好喜歡你這個人！」

還記得念諮商輔導博士班時，實習接個案常常要透過錄影來幫助學習。那時，看著影像裡正在當實習諮商師的自己，身體常常動來動去。當時的我，挺擔心那樣的自己會影響諮商的深度與成效，還記得當時的督導（我敬愛的劉淑慧老師）卻指著影像裡的個案說：「你看她，很專注地在說自己，沒有被你動來動去影響。你本來就是這樣啊！你上我的研究法的課，也是動來動去啊！這就是你啊！」頓時就被接受、被接納了。

因爲被健康的人接納了，我也就能開始接納自己；接納那個需要透過身體移動，來活化內在能量流動的我。因爲被滋養夠了，被喜歡夠了，我就更喜歡自己了。慢慢地，有時我也扮演著這個健康的朋友角色，我會說：「呵呵，Yumi就是這樣，緊張時就會一直流汗。」「呵呵，Zoe就是這樣，是我們所有人裡面，臉紅速度最快的一個！」

一個帶著微笑的「就是這樣」「這就是你啊！」讓我們不知不覺中，也在心裡聽見了這樣的聲音：「對呀！我就是這樣，這就是我呀！」這樣新的聲音，由外面傳了進來，隨著時間，逐漸成爲自己的內在聲音。於是，這樣的自己沒有被推開，沒有被自己厭惡，內在就一天一天越來越完整。

下一回看見了自己的限制，心裡會自動化地有這樣的聲音迴盪著：「對呀！這就是我呀！」這樣新的自動產生的聲音，自然地取代了原本的自我責怪：「我怎麼又這樣了……」對自己的喜歡與接納，從這個新的自動化（注）聲音開始，逐漸長大。對自己的接納，擴大了一些；自信，也自動地長大一些。

他人的讚賞，增長我們的自信

跟健康的朋友在一起，除了被接納，還會得到讚嘆。在低潮時收到讚嘆，特別珍貴。有一回，我心情低落時，恰好收到小徒弟傳給我一封信，信裡說著她準備在自己的婚禮中，介紹我上台的介紹詞：

「現在我想要介紹一位對我來說很重要、很重要的人！他對我來說，可能是我的再生父母吧！他不老，他挺年輕的！是他讓我感覺到自己的存在，讓我可以開始眞、眞、實、實的快樂！我猜這樣的快樂，有些人懂，有些人不懂！這樣的一個人，他是我心理治療的師父。如果有認識我很長一段時間的朋友問：『妳怎麼越來越快樂啊？妳怎麼越來越漂亮啊？』我想我的答案都是一樣的！那是因爲我有一位很疼我、一直幫我、照顧我的師父——哈克！」

還記得看完這段婚禮的介紹詞時，我的眼淚掉了下來。原來，我是這樣被記得的……因爲有這麼一段被讚嘆的話，對自己的喜歡，又多了一些；自信，也悄悄地多了一些。

注：「自動化」指的是不經思索的狀態下，自動自發跑出來的念頭或感覺。從小，我們形成很多自動化的反應，像是面對責罵的時候，身體會自動化的緊縮；像是生氣的時候，大腦會自動地一片空白；像是被責備的時候，會自動化地出現「我怎麼又做錯了」的內在對話。

爲自信播種與扎根

年輕的生命可以播種、扎根的，是用心活出自己的故事，擁有屬於自己的真實經驗。辛苦掙扎的同時，不忘為自己累積一個又一個喜歡自己的好時光。

趕在暑假人潮來臨前，我帶著大女兒、小女兒，還有太太，一起去游泳池玩水。快滿三歲的小女兒毛毛，穿起人生的第一件比基尼，眞是迷死人了！游泳池畔的叔叔、阿姨經過時，都忍不住小聲地驚呼：「好可愛喔！」兩個女兒，兩個游泳圈，和太太一起在水裡玩「大恐龍要吃你了」的遊戲，尖叫聲與大笑聲不斷。一旁的我，高興著自己終於抽出空來，帶全家人一起出來玩玩水。

我在幹嘛？我正在「好好回味！」我正在回味著幾個星期前，享受的時光。在台灣，我們卻從小就努力學習一個和「回味」很不一樣的東西，叫做「反省」。反省，是兒童教育裡老師必須要教會孩子的重要功課之一。因爲學會反省，才有辦法改過，才能進步；而個人進步，國家民族才有前途。只是，把反省學得太好的人，不太敢回味。他們的內在對話是：「我還不夠好，還有很多地方需要改進。在我還沒有達到完美的境界之前，我是不是還要多鞭策自己一些？」因此，把反省學得扎實的人，活在要持續進步的壓力與陰影裡，於是不敢回味。話說回來，其實只要在台灣長大的孩子，很少不會反省自己的。換句話說，我們其實都反省得挺不賴，說不定在長大以後，可以來學學另一個東西——回味。

為自信播種的句型

回味，「回」過頭去細細品味。回味，就是再活一次，再活一次我喜歡的部分，回味美好的經驗，再迎向未來。用專業的心理治療語言來說，叫做「身歷其境的重新經驗（Re-Experiencing）」。在催眠治療的不少作法裡，會用引導冥想的方式，帶領主角回到曾經有過的資源場景，像是第一次被深情擁抱、被深深鼓勵⋯⋯然後，重新經驗那個資源經驗。

回味，如果只有在心理治療的場域裡體會，實在是太可惜了！生活中，有好多美好的素材值得回味。回味，可以發生在家庭生活裡的好時機有兩個：一個是吃飯時，另一個是晚上睡覺前。

我發展的回味語法裡，最經典又最容易操作的，就是「今天，你什麼時候有快樂？」幾年下來，連我的兩個稚齡女兒都學會了呢！

有一天睡前，小女兒毛毛用童稚的聲音問我：「把拔，你今天什麼時候有快樂？」我想了想，說：「今天馬麻幫把拔按摩的時候，把拔好快樂喔！」一旁的大女兒黃阿赧接著問：「馬麻，妳今天什麼時候有快樂？」太太回答說：「我今天把雞腿排煎得香噴噴，你們都吃光光的時候有快樂。」

我接著問：「黃阿赧妳今天什麼時候有快樂？」大女兒回答：「今天馬麻來幼稚園接我，我看到馬麻的時候有快樂！（這小子，幾乎每天問她，都是這個答案，你就知道女兒有多愛馬麻）」。小女兒呢？黃毛毛很酷，她只愛問別人什麼時候有快樂，不愛回答。

「今天什麼時候有快樂？」這個簡單的句型，有兩層重要的好東西。第一層好東西，是可以持續地蒐集自己活過的好時光（good moment）。生活忙碌時，在胡亂中就過去了，常常以為自己什麼都沒做。所以，當我們回想，發現自己仍然有美好時刻發生過時，我們會自然的，更喜歡這樣的自己。一次一次的更喜歡自己，剛好就是自信的關鍵源頭。

如果身旁有朋友、伴侶可以問，互相問會是挺好的選擇。你可以試試看這樣問身旁關心的人：「你今天什麼時候有快樂？我很想聽你說說……」，如果自己一個人，也可以自問自答：「我今天什麼時候有快樂？」然後寫下來，寫在臉書上，寫在部落格裡，寫在日記裡。

這個句型的第二層好東西，是當我們知道了身邊的人，今天什麼時候有快樂時，會讓我們更知道對方，最回味最享受的時光是什麼時候什麼場景。於是，有力氣的時候，就可以付出愛，讓那樣的時光與場景得以重現。如果你寫在臉書、部落格或日記裡，朋友看了，也會更懂你是什麼樣的人。這時會有另一個附加紅利發生，就是因為你分享了快樂的時刻，於是朋友有機會接觸到這個部分的你，因而更想靠近你。

回味，可以就這樣發生，在一天過了一大半的時候，問問身邊的人：「你今天什麼時候有快樂？」讓回味，溫暖你我的心房。

讓自信扎根的句型

還有什麼可以讓自己更喜歡自己，進而擁有自信？有的。那就是，要活出自己喜歡的好。換句話說，就是認眞地去實現自己眞正重視的東西：

喜歡爬山時，揮汗堅持的感覺，就穿起登山鞋，去爬你想爬的山。

想寫信，就好好地放一杯茶在桌邊，靜靜地寫一封信。

想唱歌，就去找好的聽眾，或是一個好地方，盡興地唱首歌。

想記錄經驗或故事，就閉上眼睛沉浸在感受裡，讓手指隨著情感，打出流動的文字。

要能喜歡自己，就要扎扎實實地去做那些會讓自己更喜歡自己的事情。其實，每個人都知道，做什麼事自己會眞的快樂，會覺得喜歡這樣的自己；難的是，能不能眞的去做。因爲有時候我們得對抗內在的欲求：對金錢的欲求，對美食的欲求，對享受的欲求，對刺激的欲求。因爲欲求，常常帶著我們遠離那些做了會讓我們更喜歡自己的選擇。這些欲求，很厲害的能夠把我們從成爲自己的道路上，帶往荒蕪之地。

你可以試試看我使用了多年的自信扎根句型：「今天的我，做些什麼，會讓我更喜歡我自己？」這個句型，還可以用一個類似但不太一樣的變種問法：「今天，如果發生什麼，我會更喜歡自己？」

今天，如果我看電視的時間少一點，我會更喜歡自己一點點。

今天，如果傍晚的時候我可以去打網球、奔跑流汗，我會更喜歡自己。

今天，如果我去買到做貓跳台的角材開始作木工，我會喜歡自己。

今天，如果晚上睡前我可以安靜地說兩本繪本給女兒聽，我會……

每天都持續著讓生活裡發生這樣的好事，累積著對自己的喜歡，喜歡著自己努力一天一天讓自己更活出想要的模樣。這樣活，活個十年，你很難不喜歡自己。慢慢地擁有對自己的接納，還有對自己的欣賞，於是越來越喜歡自己。因此，自信慢慢地成爲我的一部分。

在親密關係或好友關係裡，也可以用這個自信扎根句型互相問彼此，可以試試看這樣問身旁的人：「今天的你，做些什麼，會讓你更喜歡自己？」被問的人，好好想一想，說說看。當你有好的狀態可以問身旁的人，就可以深呼吸，安靜地問問身旁的人。

用心去經歷自己的生命故事

有一回，一個年輕女生跟我說她在愛情裡的不確定，我微笑看著她，說：「前頭還有好多生命故事等著妳去發生呢，一個個相遇，都會讓妳更懂自己一點點。當然，慌張會有，不知道、不確定會有；同時，我看著妳長大，我知道妳會透過自己的經驗、透過自己的故事，來慢慢知道妳的生命還可以長成什麼樣子，能愛上什麼人……」常常，因爲能好好地經歷自己正在活出的故事，於是有機會不用那麼慌張的想要找別人給指引。

現實的世界裡，不會每件事情都讓你喜歡、讓你享受。於是，年輕的生命可以播種、扎根的，是用心活出自己的故事，擁有屬於自己的眞實經驗。辛苦掙扎的同時，不忘爲自己累積一個又一個喜歡自己的好時光，因而擁有了屬於自己的堡壘，可以迎向外面的風雨。

自信，不是一個標準，不是一個目標，是一個不曾停止開墾的山坡地。於是，繼續使用這兩個句型問自己，繼續去做會更喜歡自己的事。終究，年輕的你，會長出那一份和別人都不一樣的屬於你的自信！

我可以爲人生加入什麼新可能？

人生的新可能，是從很小很小的不一樣，加上很大很大的決心，還有緊握在手心的勇氣，然後才有發生的可能。

賈伯斯每天早上對著鏡子問自己：「如果今天就是生命的最後一天，我還會想做現在要做的事情嗎？」如果連續幾天答案都是否定的，那就要對自己做點改變。

四十二歲的我，在蘋果創辦人賈伯斯離開這個世間的晚上八點十六分，在夜色平靜的咖啡店裡，對著電腦螢幕，學賈伯斯問自己：「嗨，哈克，如果今天就是生命的最後一天，我還會想做今天剩下的時間裡，我正要去做的事情嗎？」

今晚，我本來想寫下個月要出國帶訓練的講義，然後回家照顧小女兒睡覺。等她睡著之後，我會陪大女兒躺躺、說說話。直到兩個女兒都睡熟了，如果運氣好，太太會陪我聊天，然後互道晚安，入睡。

如果今天就是生命的最後一天，我還會做這些事嗎？是的！明天的行程呢？明天一早要出發去南部，帶一群諮商師、社工師的「解夢工作坊」。晚上會和好朋友去吃美味的壽司，回到家，會上網收信、回信……我問自己，如果明天就是生命的最後一天，我還是會做這些事嗎？如果可以有一點點不一樣，那會是什麼？

這些事都是我喜歡的，即使明天就是生命的最後一天，我還是會做。只有一點點會不一樣，就是上網的時間，要少一點。這個只有一點點，就是關鍵了。如果減少了那麼一點點上網的時間，空出來的時間，要幹嘛呢？多出來的時間，我會靜靜地坐在臥房，多看兩眼熟睡的兩個女兒。

生活裡，因爲這樣累積起「一點點的不一樣」，而有機會活出更美好的樣貌。

從小小的改變，累積出生命的驚嘆號

回想起自己二十歲大二那年，我是班上六十個同學裡，少數確定考不上電機研究所的。高中時期的我，曾經以爲自己喜歡理工科學，我錯了。經過兩年的學習，我確定自己不喜歡，也沒能力可以學好，因爲不管我怎麼認眞聽課、預習、複習、做習題，我都沒能搞懂量子力學的數學式子到底是什麼意思。

我隱隱地覺得電機工程不會是自己一輩子的職業，但是不知道可以走向何方？那時心裡大概有一百八十九個問號，卻沒有半個驚嘆號！問題來了！我不喜歡這個，但是，什麼是自己生命可以投注的方向呢？

在那個慌亂無處可躲的年紀，不知從哪來的勇氣與毅力，我開始在生活裡加入了一點點的不一樣。印象最深刻的，就是去旁聽心理學的課。記得大二那年，有次跟著電機系同學眼神空洞地在清大的普通教室上著被規定要修的修辭學，下課時，眼神一樣空洞地在二樓的走廊隨著下課的人潮準備走去吃午餐。人生的轉彎，就在這時發生了。

二樓轉角的那間教室，不知爲何即使下課時間還是擠滿了人，教室裡座無虛席，連窗台都有人坐……我的眼睛一下子亮了起來，「是什麼課？是什麼老師？讓這些自命不凡的清大學生這麼熱衷？這麼想聽？」

那天，在中午的陽光灑進的普通教室裡，我第一次看到講台上的宋文里老師（那時他大約四十出頭吧），眞是神采飛揚的心理學老師！從那天起，我的夢想，就不再是當科學家了，我想要有一天成爲像宋老師一樣，成爲一個學生超愛聽課的心理學老師！從這個夢想萌芽開始，我的人生開始累積一個一個小小的驚嘆號！

怎麼從那麼多的「問號」，移動到接下來人生不斷出現「驚嘆號」呢？我開始旁聽宋老師所有的課，大學部的變態心理學、人格心理學、宗教心理學、人社院研究所的愛與性的精神分析……我常常從電機系教室的後門溜走，然後飛奔到大草坪旁的大講堂，偷偷的從後門溜進去，擠到最前面一排的邊邊角落，眼睛發亮地聽宋老師說著，一個又一個心理疾病的症狀與發生原因。

同年年底，我到學生諮商中心當義工，坐在櫃檯幫老師們接電話，登記個案時間、算測驗分數、參加成長團體、學同理心……到了大四，竟然得到諮商師的信任，讓我帶領大一新生成長團體……一點點不一樣的嘗試，學到了一點一滴的好東西。然後，有一天，我累積了足夠的不一樣，竟然申請到了當年全美排名第一名的馬里蘭大學心理諮商研究所，開始了我夢想實踐的第一步。這樣一路走來，直到後來念了諮商與輔導博士，全心投入這個專業。

讓自信開花的句型

從二十歲那個小小的不一樣開始，我一直有個念頭沒有變。二十歲、二十一歲的我，每當慌亂無助的時候，就會跟自己說：「我寧願流汗辛苦，也不要流淚後悔。」於是，每當發現自己繼續走同樣的道路有可能會後悔時，我就負起責任，做出一點點的不一樣。

所以，自信開花句型是這樣問自己的：「我要長出什麼？我可以為人生加入什麼新可能？」長出什麼，意思是有什麼能力是我需要去培養的？如果我有想走的方向，需要先培養出什麼能力來好好走過去。這些生活裡可以發生的一點點不一樣，就會是為人生加入的新可能。

認識我夠久的朋友都知道，我是一個幾乎不抱怨的人。我把抱怨的時間，拿來改變自己，做出一點點的不一樣。人生的新可能，不會突然發生。新可能，是從很小很小的不一樣，加上很大很大的決心，還有緊握在手心的勇氣，然後才有發生的可能。用一句電視廣告裡的台詞來做結尾：「不做，不會怎樣；做了，會很不一樣！」

被喜歡，所以可以好好長自己

我們被喜歡的人圍繞著時，比較敢去嘗試各種可能，也可以比較安心地做自己；當我們安心做自己時，才有機會找到獨特、綻放美麗！

被喜歡，重要嗎？

從二十歲開始，我陸續參加過數十個不同的小團體，有成長團體、訓練團體、支持性團體……我發現一件事：我之所以會繼續去同一個團體，常常是因爲我在那個團體被某些人喜歡；或者，因爲這個團體裡有幾個我眞正喜歡看見的人。如果我發現那個團體裡大部分的人都不怎麼喜歡我，或者我覺得大部分的人都不是我喜歡的，那麼我就會決定不去了。所以，我大膽地假設，團體裡面，在所謂的團體動力之下，有一個更基本的東西，叫做「喜歡」。

人，因爲被另一個人喜歡，因此享受地來到這裡，繼續被喜歡。

我們可以強迫一個人把紙屑檢起來，可以強迫一個人把碗洗乾淨，可以強迫一個人把曬好的衣服分類折好；然而我們無法強迫一個人，喜歡我們！

人為什麼需要被喜歡？因為被喜歡的人圍繞著的時候，人，比較敢去嘗試各種想嘗試的可能，可以比較安心地做自己；而做自己，才有機會找到獨特、綻放美麗，這眞是再珍貴不過的事了。

所以其實從幼稚園開始，或者從出生開始，我們就不可避免地努力想被喜歡！薩提爾說，為了生存，我們學會了一些固定的姿態……

有些人學會：「只有當我乖乖聽話，我才會被喜歡。」

有些人學會：「努力用功，就會被喜歡。」

有些人學會：「如果能幽默有趣，有可能被喜歡。」

有些人學會：「體貼溫柔一些，會被喜歡。」

有些人學會：「我一定要負責盡職，因為這樣才會被喜歡。」

有些人學會：「我一定要很節省很節省，因為這樣才會被喜歡。」

弔詭的是，長大以後會發現，這些好不容易學會的「被喜歡」的能力或特質，怎麼……怎麼好像不管用了！

於是長大以後，我們來重新問一個好問題：「生命的這個時刻，我的什麼能力或特質，會讓身邊的人真心喜歡我？」我們試圖用更細的顯微鏡，來觀看這個看似不那麼重要，其實很關鍵、很重要的人生命題。

待在自己的世界，進入別人的世界

我自己被很多人喜歡，甚至被一些人熱愛；同時，我也被一些人不喜歡，被某些人推得遠遠的。我其實知道，這些不喜歡我的人不喜歡我哪裡。三十歲前的我，自命不凡、自以為是，總是低著頭只專注地看見自己的精采，然後怨嘆別人不能欣賞。

還記得三十四歲那年，在新竹社會服務中心二樓的大團體室，上王輔天神父的NLP工作坊，在練習的小活動裡，和一位醫生朋友同組。那天我們發現，這位醫生朋友脖子痠痛的原因，是因為他總是抬起頭，看見別人的需求，努力去照顧別人。因爲常常抬頭，固定的脖子姿勢帶來了痠痛症狀。

那時我心裡大大地震了一下！因爲我自己也常脖子、肩膀痠痛，而我的原因剛好相反：我只會低頭看見自己的需要，因而看不見別人。我因爲太常低頭看自己，固定的脖子姿勢帶來了痠痛，所以，我開始懂了，爲什麼那些不喜歡我的人，會想把我推開。根本的原因就是因爲：我活在自己的世界裡。

從上面這個經驗的反思，加上十多年來的專業心理治療經驗，我發現：處在「自己的世界」與「眼前的人的世界」的比例，是讓人喜歡與否的重要因素之一。如果處在自己的世界裡太多，會看不見眼前的人，那麼別人會感受不到你的善意；如果眼光總是看著眼前的人，看不見自己，那麼你只會贏得「好人」的稱號。

於是，可以操作的是：讓自己有時候待在自己的世界裡，有時候進到別人的世界裡，我會說七比三、六比四，或者反過來的四比六、三比七，都是很好的比例。簡單地說，就是兩邊都要有。就好像談戀愛，不能老是等人家來追你，有時候也要主動去親近人家嘛！

一方面待在「自己的內在世界」裡，照顧疼惜自己、欣賞自己、鞭策自己、享受自己；另一方面，有時候也讓別人進到自己的世界，因而可以不那麼孤單、不那麼寂寞，同時，也讓別人感受到自己內在的纖細或柔弱。於是，在合適的時候，可以把別人的愛接進來。接進了別人的愛，除了自己享受以外，還可以讓對方覺得「我好有用耶！」

然而，如果一直都待在自己的世界裡，等待別人來照顧，那麼負向的能量會感染身邊的人。這時身邊的人很難喜歡你，因爲他們會累垮；爲了不被負向能量拖垮，他們會選擇離開或與你保持距離。因此，合適的時候，我們可以選擇張開眼睛、抬起腳，進到別人的世界裡。當我們的視野落在「眼前的人的內在世界」，就有機會看見另一個世界的風景，有機會給出關懷、給出愛，給出對方需要的協助。

當我們關心地問著眼前的人「你最近好嗎？」「你今天什麼時候最快樂？」我們就自然地滑進了別人的內在世界；當我們問自己「我最近怎麼會慌慌的？」「我可以爲自己做些什麼，讓我的平靜多一點？」就可以好好的照顧自己。

低頭，看見自己；抬頭，看見別人。

於是，脖子可以不那麼痠，也可以逐漸被喜歡。

眞實呈現自己時，還是可以被喜歡嗎？

報喜不報憂，假假的不真實；報憂不報喜，一天到晚說著自己的痛苦，也不可愛。讓「資源狀態」與「困境狀態」並存呈現，報喜也報憂，才是可愛的重要基礎。

我常常被諮商治療界的後輩問到：「哈克，爲什麼有些人可愛？有些人那麼不可愛？可愛跟不可愛，到底是怎麼一回事？」

因爲長期需要和人一起工作，有不少機會見到可愛的人；同時，也遇到很不可愛的人。我發現，人如果只活在困境與問題裡，就會一直說問題的故事；相反的，人如果只活在報喜不報憂的世界裡，就會不眞實。

所以，一個人如果始終說著困住的問題故事，不可避免的會拖累別人的能量，於是別人很難覺得你可愛，很難自然地喜歡你；相反的，一個只報喜的人，假假的不眞實，也不容易被喜歡（人家只會覺得你很好命而已）。

舉個例子來說，如果我在部落格寫文章，每次都寫說：當爸爸好幸福，當教授好有地位喔！如果我每篇都在寫這個，讀者一定不喜歡我，還會有一種很不爽的感覺。爲什麼？因爲不眞實啊！眞實的我，不是只有快樂跟幸福而已，這只是喜憂參半的眞實生命裡的一小部分。因爲不眞實假假的，所以就不可愛。

所以，報喜不報憂，不可愛；報憂不報喜，一天到晚說著自己的痛苦，也不可愛。那怎麼辦？概念上很簡單，就是讓「資源狀態」與「困境狀態」並存呈現，我認爲，這樣的「報喜也報憂」，是可愛的重要基礎。

整體來說，在覺察自己的心境上，不要放得太大，也不要縮得太小，是心法。報喜也報憂，是可以操作的行動語言。說不定你已經注意到這裡出現了關鍵字「也」。這個關鍵字，就剛好是英文的ＡＮＤ。出現了ＡＮＤ，表示這是可以在生活中練習的並存句型。

真實才像人

怎麼報喜，也報憂呢？用我的例子來說，我會這樣呈現我自己：「是的，當爸爸的我要照顧一家四口，有時候眞的好累；是的，我看著兩個女兒，我總有一種說不出的喜愛與幸福感；是的，我其實有時候覺得當家裡的經濟支柱好累；是的，我好懷念那個騎著單車、自由自在的我。」

回想一下，你最常造訪的部落格或臉書，有哪幾個是你每回上去就會先皺眉的？有哪些是你會期待他又多寫了什麼的？如果朋友寫下了他的困境與掙扎，你就有機會見證他的努力與投入；如果朋友記下了歡笑與快樂，你就能一起共享美好時刻；如果朋友放上了面對未知的徬徨與祈求，你心裡說不定偷偷地出現這樣的聲音：原來，他跟我一樣也有這麼無助的時刻啊！於是，我們接近了這樣一個眞實的人，這樣的人，還眞可愛。

前一陣子，剛確定要出版這本書的那幾天，我的心情很忐忑，卻又說不清楚。剛好我換帖的好朋友錦敦打電話來，我說著說著，就說出了自己的擔憂，我說：

「怎麼會這樣？明明寫了那麼多好文章，怎麼會一知道要出書，就開始湧上一堆的擔心，很怕自己寫出來的東西不夠好……怎麼會這樣？」有意思的是，好朋友一點都沒有要安慰我的意思，他在電話的那一頭，笑笑地說：「會怕很好啊！這樣才像人啊！」

我聽了這句「會怕很好啊！這樣才像人啊！」心裡很震撼。掛下電話之後，我一邊心安了下來，一邊聽著腦海裡迴盪著這句話「這樣才像人啊！」對啦，這就是關鍵了，就是這樣的真實，會開心、會快樂、會擔心、會害怕，所以才像人啊。

親愛的朋友，你呢？你有哪些「這樣才像人」，等著被說出來，被呈現給朋友看見呢？看到這裡，說不定你可以閉上眼睛，聽聽看心裡頭，有哪些報喜，也報憂的「像人」的自己，正要浮上來。

適當的人際互動，找到滋養自信的好朋友

我們因為可以分辨朋友的親疏遠近，因而可以好好地安排自己的能量，拿回人際互動的發球權。

除了報喜也報憂之外，還有一個被喜歡的小訣竅，就是適當的人際距離。年輕的大學生最常來找我訴苦的內容，除了愛情的煩惱外，就是人際關係的議題。「老師，爲什麼本來我們都一起玩得很開心，一到大三，幾個朋友就突然疏遠不見了？」「老師，我和室友吵架了，他完全都不跟我說話了，怎麼辦？」人際關係之所以出現狀況，有很多你的、我的、他的原因。而其中唯一能自己控制的，就是自己和別人之間的距離。

身體距離，是一個需要注意的人際互動基本功夫。太近了，別人會想防你，也會想要躲開，因爲你侵入了他的安全界線；太遠了，別人會聽不見、看不到你的善

意，那就可惜了。

我有一個好朋友，她有著單眼皮的素淨臉孔，總是靜靜的、話很少。她是我認識的朋友裡，臉紅速度最快的，快到可以在一秒鐘之內，百分之百全紅。我猜想，她因爲能安靜，所以很會傾聽，能聽見難受的辛苦，也能聽見歡樂的笑話。有時候跟一群朋友一起聊天，我說了不怎麼好笑的笑話，她總是第一個大笑。我常說，有些人因爲很幽默，所以人家很喜歡；而有些人，因爲很能欣賞別人的幽默，所以被大家喜歡。她能聽、能笑、願意笑，於是透過一個舒服的距離，傳遞了善意與接近。這個舒服的距離，剛剛好可以讓人用眼睛去接近一個朋友，於是可以打開心，接收眼前的人的情感，不會太遠，不會太近。這樣的距離與態度，在心理學裡，有個專有名詞，叫做「同在而不侵入」（company without intrusion）。意思是，與別人靠近，有同在一起的感覺，同時不侵入對方的安全網裡，除非被明確地邀請了。

人際間的舒服距離

人際距離包括身體的距離與心理的距離。身體的距離很容易理解，當靠別人的身體太近，和這個人卻沒有真的親近感時，人會不舒服。這時候，就需要調整一下。心理學家霍爾（Hall）的研究告訴我們，距離有下列幾種：

1親密距離：大約五十公分，也就是半個手臂的距離，允許別人進入五十公分內的距離，即是讓他進入親密空間。

2私人距離：介於五十公分與一百二十五公分之間，夫妻、情侶在公衆場合常常保持這樣的私人距離。

3社交距離：兩公尺左右，同事間、售貨員與顧客說話時，常常保持這樣的社交距離。

生活中遇過不少人，似乎很難學會與人保持舒服的距離。有些人因爲不知道怎麼靠近人，怕別人會拒絕自己，於是跟人很遠很遠，因而累積了好多的孤單；而當他們有機會接近人的時候，會整個人撲上去、黏上去。這樣要讓人喜歡，就難了。

需要跟人保持遠遠的距離，通常是因爲內在對自己有些不相信。不相信自己夠好，不相信自己夠好到值得別人喜歡，於是躲得遠遠的，即使別人想靠近，也門都沒有。然而，如果跑到另一個端點，整個人撲上去、黏上去時，又會讓別人害怕，因爲撲上去、黏上去，會讓人失去平衡。結果，別人怕了，說不定就瞬間躲起來。於是，又強化了「對呀，我眞的不值得別人喜歡」這個信念，只好又回到距離遠遠，孤單多多。

那怎麼辦？可以靜靜地、眞心地聽著身邊的人說話，然後，偶而湊上前去（注意不要侵入五十公分的親密距離喔），有點靠近，也眞正地關心眼前的人，而不是一直擔心著自己夠不夠好，這樣一來，擔心放下了、關心傳遞了，於是被喜歡很可能會默默地湧現。

分辨朋友親疏遠近的分類系統

在幫助學生的歷程裡，我發展出了一套挺實用的「紅橙黃綠分類系統」。

年輕朋友常常會在二三十歲的時候，突然發現朋友的清單在短暫的時間裡出現

「大換血」的現象。可能是大二升大三的暑假過後、可能是和情人分手後忽然跟一群親近的朋友硬生生地切斷了、可能是換了工作、搬了家……這些時候，會有一種突然的落差。此時除了感覺失落以外，正好也是評估自己紅橙黃綠系統的最佳時機。

紅：最熱血、最心跳的顏色。代表的是「換帖的朋友」，是最可以說內心話的好朋友，是半夜三點打電話跟你說他心情不好，你會心甘情願坐起身好好地跟他說話的知心好友。有一個問句，可以幫你釐清誰是紅色朋友，就是：「你生病住院時，最希望誰來醫院看你、陪你？」

橙：很溫馨、很舒服的顏色。代表的是「親近的朋友」，是看到他會開心，說起話來滿安心的朋友。可以幫你釐清誰是橙色朋友的問句是：「跟誰說話，你會覺得安心舒服，也會有挺喜歡自己的感覺？」

黃：輕鬆愉快的顏色。代表的是「有些靠近的朋友」，可以幫你釐清誰是黃色朋友的問句是：「無聊想逛街、想找點樂子時，你會想打電話約誰一起玩耍？」

綠：遠遠的草地顏色。代表的是「認識，但不熟的朋友」，是那些你還在觀望對方是不是眞的算你朋友的點頭之交。

取得人際互動的發球權

我疼愛的學生小芸手繪成了一張城堡彩圖，很傳神地把這紅橙黃綠分類系統表現出來（如書末自信卡上的圖案）。從遠遠的綠色的草地，要走進可以貼近心跳的紅色城堡，需要經過籬笆、護城河、城牆大門。我們因爲可以分辨紅橙黃綠的親疏遠近，因而可以好好地安排自己的能量，拿回人際互動的發球權。你可以選擇對誰多一點禮貌、多一點距離；可以選擇對誰多一點愛、多一點親近。有了分類，於是有了區分，因爲有了親疏遠近的區分，能量才有集中投注的可能。

我做爲諮商師，在幫助學生時，常會看著眼前因爲人際關係而受苦的孩子問：

「有沒有哪個朋友，你想把他從黃移動到橙的？想做些什麼來移動？」

「哪個朋友，你想要移動他的位置？移向橙色、紅色；還是往綠色、黃色移動？」

「哪個朋友，你覺得是時候了，讓他往外移動，移到籬笆外面？」

從另一個角度來看，當我們想要進入一個人的世界，通常都是從遠方的草地開始慢慢走向城堡，空降通常是不會發生的。於是，當我們用心聽懂一個人的想法與情緒（像是害怕、吸引、掙扎、失落、緊張），並且能把懂了的內容，讓眼前的人知曉，也就是做到初層次同理心的回應時，我們就有機會越過草地上的籬笆。

越過圍籬，接下來的護城河難度就比較高了。走進護城河，其實沒有訣竅，因為信任與安全感大都是靠革命情感的生命互動才有機會存在的。因此，花時間、花力氣眞的和朋友一起去經歷種種，紅色的情感，才更有機會存在。所以啊，可以自由進出城堡的老朋友眞的很珍貴；同時，也知道新的朋友在接下來的人生裡，發生一個個故事之後，眞的有成為老朋友的可能。

開啓滋養自己的活水源頭

人要能相處，必須先不彼此害怕；要不害怕，必須先彼此了解；要能了解，必須先彼此溝通。啓動了接觸，就有了溝通的可能。

現實治療大師威廉．葛拉瑟（William Glasser）有個很經典的論點，他認爲：人的心理問題，幾乎都與「關係」有關。這個論點背後的邏輯是：如果一個人有困難擁有親近的關係，那麼他的心理問題就很難不存在。我挺贊同這個說法，換個角度來說，我常常看到健康快樂的人，他們有一個共通點，就是擁有親近的伴侶關係，還有舒服的朋友關係。

重點是，要如何與人親近呢？我有一個小秘訣，是很簡單的行動指引，叫做「啓動接觸」。來說給大家參考看看：

回想起自己十九歲，在清大電機系讀書時，一群會讀書的孩子聚在一起，但都挺不擅長約會的。印象很深刻的是，約女孩子出來聊天吃飯，都約不到第三次。第一次、第二次可以約成功，但是第二次之後，不論是打電話約、去女生宿舍門口等，再怎麼約也都約不出來了。

有一次，在湖邊遇到一位很聊得來的數學研究所學姊，我常請教她怎麼和女生聊天。學姊聽了我的問題之後，給了我一個很有水準的診斷，她說：「學弟，你不會問問題。」

是這樣喔？十九歲的我很會講笑話，但是不會問問題，對耶！還記得十九歲的我，就這樣開始努力學習，怎麼跟女生聊天，怎麼主動提問，問出挺白痴又挺有誠意的問句：「哇！妳的頭髮好香喔，妳是用什麼牌子的洗髮精啊？」「好多信喔，怎麼會有那麼多朋友寫信給妳啊？（那是一個還沒有email的時代，大家都寫眞的信。）」

對人好奇，提出問句，是與人接觸很重要的開端。

啓動與人的接觸

前幾天，買了二手DVD，在家裡重看一次電影《海角七號》。我很喜歡把有感動的電影再看一次，因爲每看一次，就多感動一次、多回味美好一次。看到田中千繪去機場接日本歌手中孝介，上了小巴士那一段。中孝介從後座用手機拍了田中千繪惆悵的側面表情，然後輕輕巧巧地把手機畫面移到田中千繪的眼前，溫和地問：「妳爲什麼發愁呢？」

那聲溫柔的「妳爲什麼發愁？」震撼著我。兩個才剛在機場相遇的人，因爲那句小聲溫柔的關心話，就開啓了接近的可能。

我到十九歲時，才開始學習用問句來與人接觸；而我們家的黃阿赧小妹妹，不知怎麼學的，三歲就會了。

有一次，和一群朋友合作帶領工作坊，結束的傍晚，五六個好朋友一起到中興大學附近的小店吃比薩。一群人痛快地吃著美味的食物，開心地聊著兩天來發生的精采與觸動。當時三歲的黃阿赧小妹妹原本在一旁東摸西摸，一下子靠著把拔，一下子開心地吃比薩，突然她主動地參與了我們的聊天！

黃阿赧站在桌腳，抓住了一個我們熱烈說話的小空檔（一群講師聚在一起說話是很難有小空檔的），用了很有水準的發語詞開端，瞬間與大家產生接觸。她語音上揚的對著叔叔、阿姨說：「ㄟ！你們有沒有去過科博館？」原本激烈說話的場面，突然全場安靜，因為小妹妹主動參與了我們。大約五秒鐘的詫異空白之後，一群專業的心理治療師，都很有誠意的此起彼落的趕緊回應說：「有！我們有去過，有啊！妳喜歡科博館喔？」

停了三秒鐘，小妹妹思考了一下，又出招了。黃阿赧小妹妹再度發問：「那你們有被當過嗎？」這下子，大家就不知該怎麼回答了！祺堂叔叔讀書時都是全勤，哪有被當過的經驗！還好，到英國讀研究所中輟的寶如阿姨有經驗，她發現現場只有自己有這樣獨特的故事，所以非常積極地回答說：「有。寶如阿姨讀書有被當過。」

在一旁已經笑出聲的我，趕緊接話：「黃阿赧問的是，你們有被燙過嗎？因爲她前兩天被摩托車排氣管燙到啦！」（黃阿赧的國語處於超可愛階段，她每次說「我要來看一看」，都會說成很有力量的「我要來ㄍㄢˋ一ㄍㄢˋ！」）

哈哈，這樣一來，大家就都能回答了。在台灣長大的孩子，誰沒有被摩托車排氣管燙到過呢？所以，叔叔、阿姨又都很高興的回應說：「有有，我也有被燙過。」這麼一來，原本在一旁無聊的小女孩，瞬間就與大家有了連結。

一個問話，開啓了一個接觸，甚至創造了一點點的親近感，而黃阿赧小妹妹所做的，正好就是「啓動接觸」。

啓動接觸，在長大以後往往越來越難，因爲太多的挫折經驗，讓我們決定「算了，不要主動了，不然又要挫折難受了……」可是，不主動地啓動接觸，人和人就失去了接觸的可能。啓動接觸，可能挫折；同時，也帶來親近的機會。我的作法就是：管他的，多試幾次，總有一兩次會開啓親近的可能。就像薩提爾說的：「不要怕做夢，多做幾個夢，就會有幾個夢想一不小心實現了。」我帶著這樣的心情，去啓動與人的接觸。

用行動來發動接觸，啓動親近的可能

有一個星期日的早晨，我因爲剛從澳門工作回來，想在家裡好好休息。我難得星期日在家，沒有出門工作，最開心的就是我女兒黃阿叔。那天一時興起，我用網球拍的握把在主臥室裡布置了一個「印地安人偶保齡球道」，用網球滾來滾去，朝著玩具人偶、動物打，黃阿叔小妹妹手腳靈活，超厲害的，我們父女倆玩得好開心。

玩到下午一點多，三歲的小妹妹是不會累的，但年過四十歲的我，已經累了。我說：「把拔累了，要休息囉！」黃阿叔小妹妹當然不答應，我只好又說了一次，然後站起身子走去廚房，倒水給自己喝。

喝完水，一轉身，女兒走到我身邊，拉著我的手走進主臥房，然後指著擺好枕頭的床說：「把拔，我幫你把燈關了，枕頭放好了，你可以休息了。」我眼淚要飆出來了……好直接的善意啊！這麼小的孩子，就學會好單純地對爸爸好，去把燈關好，讓房間變暗，讓爸爸可以休息睡午覺。這也是啓動接觸，用單純的行動來表達善意好心。

啓動接觸，好像很難，其實不難。記得想到了，就去做。想念一個人，去說；思念一個人，去寫信；想煮東西給誰吃，去煮；想跟人說話，去打電話；對身邊的那個人好奇，去問。讓我們用行動來發動接觸，啓動親近的可能。

馬丁路德二世曾說：「人與人不能相處，是因爲人們彼此心存害怕；人們感到害怕，是因爲彼此不了解；人們有這樣的不了解，是因爲彼此沒有好好溝通。」要能相處，必須先不彼此害怕；要不害怕，必先彼此了解；要能了解，必須先彼此溝通。最後，我要再加上一句：「啓動了接觸，就有了溝通的可能。」

PART 3

迎向眞實世界的挑戰
——在風雨中站穩

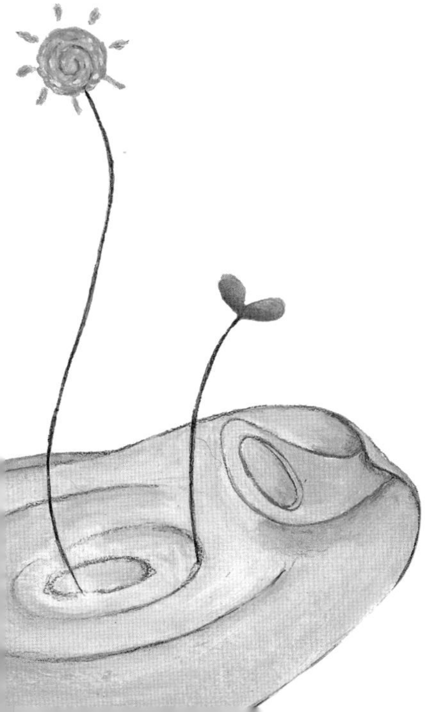

在生命的河流裡，時時回到中心

在生命的河流裡，選擇一個新的停留位置，回到中心。月亮的溫暖，會柔柔地傳進來；星星的輕輕眨眼，會清楚地看見；水滴落在水面上的那份清脆，也會聽見。

老天決定生命的河流流向何處；而人，可以選擇的是停留的位置，因而可以看見月亮、遇見星光。

剛開始教書的前幾年，開車上高速公路之前，我喜歡繞一小段路到台中大里一家小小的飯糰攤子。這攤子有個美麗的名字，叫做「幸福飯糰」。攤子有著粉色系的圖案設計，新鮮的豆干肉鬆配料，最重要的，動手捏飯糰的是我前一年在夜間部教的社工系學生。她是一位長得乾乾淨淨的二十二歲女生，很舒服、很單純的能量。我最喜歡她的眼光穿過我的車窗格子看到我，然後認出我的那個表情，她的笑容會在一瞬間綻放，並開心地叫：「老師！」這個剎那的停留，好美。

這個早晨，因爲我選擇了繞一小段路來到這裡，於是找到幸福。

什麼樣的停留，會帶給生命美好

在兩個女兒還沒有出生之前，有很多時間可以做趣味的事。記得有一次整理書房，看見堆積了好久、好多一元的硬幣。看著堆起來像小山似的零錢，我決定在吃早餐前，先去銀行把零錢換成整鈔。騎著摩托車，來到台灣銀行，像個小男孩的心情，捧著一桶的零錢，走進感覺比平常大好多的台灣銀行！我在正門口一進門的地方，站定著沒有移動，然後東張西望，身體好像在說：「去哪裡可以用這一桶零錢換到贈品？」

對我來說，這些錢好像是多出來的，就像是不勞而獲的贈品一樣。門口的警衛，看看我的一桶零錢，說：「四十一號櫃檯。」哈哈，我什麼都沒說，就有熱心人士指點我換贈品的地方，然後我就倒出零錢，換了九百五十九元！這個早晨，我知道換零錢可以帶給我快樂，所以，我選擇在固定的日常流程裡，加上了這個「贈品之旅」。

教書的歲月裡，我特別喜歡兩堂課之間的空檔。有一回，忘了在哪一堂課和哪一堂課的下課時間，我坐在講台的椅子上，遠遠看著一位我喜歡的學生。大約二十歲的她，新燙了頭髮（大捲的喔），遠遠的我用手勢，無聲但生動地表達「妳燙頭髮了啊！好看喔！」二十歲的女孩笑了，知道我關心著她。在短短匆忙的下課時間，我選擇用無聲的手語，傳達我的關愛。讓自己停留在付出愛的行動裡，其實是很美麗的。

我們選擇停留的位置，是活得好或不好，很重要的關鍵。有意思的是，人一忙，就容易忘記什麼樣的停留會帶給自己的生命更美好的可能。

在我的專業生涯裡，有兩段日子最忙。一段是寫博士論文的時候，一段是剛去大學教書、每天都忙著蒐集資料備課的時候。在這兩段最忙的日子裡，我都出現了一模一樣的行爲模式：就是除了忙碌的工作時間之外，我幾乎把所有剩下的時間都拿來研究股票和基金。於是，我停下來問自己：「怎麼了？」「爲什麼忙起來的時候，就會出現看股票看基金的行爲？」

原來，因爲生命裡主要的能量被教書、備課、寫論文給消耗掉了，而僅剩的一點能量，不足以讀一本好書、不足以去看一場電影，甚至不足以跟伴侶好好說說話。只夠讓自己盯著電腦螢幕上持續更新的股票基金數字、下單、分析走勢，於是開始形成一個越來越累的小漩渦。

回到中心，重拾平靜的方法

我猜很多朋友忙碌時，心裡會發生這樣的流程：

因爲忙，所以累；

因爲累，所以沒有力氣做提升能量的事情；

因爲沒有做提升能量的事，所以能量逐漸下滑；

於是，繼續忙，繼續累；

然後……覺得整個空間都被壓縮了，到後來就透不過氣來。

一旦發現自己在這個漩渦裡，需要的是「回到中心」（centering），來趕緊喊「停！」回到中心。這是吉利根博士很強調的修行方法，是一種不太緊，也不太鬆的狀態（not too tight, not too loose）。在這個狀態裡，會有一種特別的專注，同時擁有放鬆與專注。有時候，把手放在心口或肚子，然後慢慢地做一個深呼吸，回到中心就會發生。該如何練習回到中心呢？

方法一

慌亂緊張多的時候，會需要多一點時間與方法來回到中心。這時可以問自己：「我的注意力現在在哪裡？」如果在別的地方，邀請注意力回來。怎麼回來？把一隻手輕輕溫柔地放在心口，深呼吸，邀請注意力（覺知的自己）從頭腦往下降，然後把另一隻手放在肚臍的地方，再做一個深呼吸，邀請自己往下，回到中心。

方法二

觸摸身體有曲線的部位，是回到中心另一個很容易操作的方法。人的身上有很多有曲線的部位，像是脖子、耳背、腋下、腰部、膝蓋後方、腳底，當我們用自己的手輕輕地撫摸這些部位，然後自然地深呼吸，常常就能在很短的時間內回到中心。我自己最常做的是，閉上眼睛，背脊自然坐正，把左手放在頭髮頂端，然後輕輕地、慢慢地往下滑，接觸皮膚，慢慢地經過左耳、左耳垂、胸口、肚臍……接下來，換右手從頭頂，滑過右耳、右耳垂、胸口、肚臍……常常只需要短短的五分鐘，心就可以安靜不少。

發現自己離開中心時（例如被生氣淹沒時），可以深呼吸，問自己：「我要繼續活在生氣爆炸的世界裡，還是試試看回到中心？」回到中心的做法，還有好多選擇：像是靜靜地散步、忘我地跳舞、揮汗打球、舒展身心的瑜伽、與水合而爲一的游泳、接近內在的畫畫、讀一本可以靜下來的書、聽會讓你閉上眼睛的音樂、和好友聊天彼此陪伴，或者在陽台整理花草，爲日漸貧瘠的盆栽，換上有機土。

回到中心並不難，但要實際去做，找回那個修行的自己。而股票、基金，我還是會看、會研究，不過得控制好時間，因爲那個漩渦，只要不太沉迷，就不會形成。

在生命的河流裡，選擇一個新的停留位置，回到中心。月亮的溫暖，會柔柔地傳進來；星星的輕輕眨眼，會清楚地看見；水滴落在水面上的那份清脆，也會聽見。

生命的精采度VS.輕鬆度

參與式休閒的主動投入參與，讓我們動起來有活著的感覺；單純躺著休息享受的旁觀式休閒，讓我們得以休養生息。生活裡，讓兩者都有，會更快樂。

有一回，我連著兩個週末在台北帶一場四天的「隱喻與解夢」工作坊，出乎意料地發現，成員裡有好幾位是企業主、執行長、高階講師。他們在忙碌的行程裡，還能騰出時間來學習新東西，如此強的學習動機，引發我的好奇，「他們為什麼不用週末的時間享受輕鬆悠閒呢？」

與輕鬆悠閒很不一樣的，是充實。我有位很有智慧、電機系雙修數學系的大學同學，曾跟我分享過一個關於充實怎麼發生的數學公式：

充實感＝投入＋體會投入之後的結果（回味）。

追求輕鬆的人，常常為了要早一點休息，要保留一點力氣，於是匆忙離開原本可以投入的事情。因爲匆忙離開，一不小心就失去了投入的可能，因此少了充實感。就好像打完一盤網球之後，急著回家休息，因而少了打第二盤比賽的盡興與快樂，同伴邊收球具邊回味剛剛戰局的開心，也跟著不見了。

更換自我對話，更新人生階段

我讀書很拚命，那是一段勤奮向上、努力不懈的歲月。長大以後常聽母親跟別人說，國小放暑假的時候，我每天早上都會自動先寫好暑假作業，然後才去玩；國中、高中六年的日子，我都是下了課回家先睡覺，然後半夜起來讀書。眞的不懂自己年紀小的時候到底在想什麼，怎麼會努力成這樣……

不知道是不是小時候太用功了，讀完碩士學位以後的我，常常會不自覺地想讓自己輕鬆快樂一點，那些忙碌操勞的事情對我來說，總是有困難接住。可是，人算不如天算，老天爺似乎總是要我們學點新東西，人生走到了有兩個女兒的歲月，照顧一家大小絕對不是輕鬆愉快的任務，於是悠閒這個名詞，「咻」一聲就消失在遠方了。

怎麼辦，怎麼面對新的人生變化呢？

遇到人生階段的新變化時，來檢查一下「自動化內在對話」是個好選擇。於是我問自己，平常想要悠閒不想太累時，我心裡的對話是什麼呢？喔，是：「這樣會不會太累？怎麼才可以輕鬆快樂？」因爲自己已進入人生新階段了，這樣的自我對話只會讓我困得更死。時候到了，要換自我對話的內容了，來用一個新的自我對話句型：

「今天這樣過，會不會有意思？」

這新的自我對話，是拿生活的「精采度」，來取代生活的「輕鬆度」。自我對話句型改變了，就是心裡頭下了一個新決定，決定接下來的幾年要來這麼過日子。

怎麼玩，會開心又充實

關於悠閒與充實，有個很好的角度可以多探索一些。最近學到兩個新名詞，一是「參與式休閒」，二是「旁觀式休閒」。參與式休閒，用我的話來說，就是「會累，但有意思的休閒娛樂」；旁觀式休閒，就是「爽爽地讓人服侍的享樂」。

先來談旁觀式休閒，像是按摩、洗頭、做臉、到五星級飯店泡湯、吃下午茶、看電影……如果平常很忙、很忙，偶而來個「爽爽地讓人服侍的享樂」，當然是很快樂的囉！但是如果一年到頭，除了忙工作之外，就只有旁觀式休閒，那麼就容易落入「工作忙賺錢，休息忙花錢」的狀態。這種休息，旁人看來覺得你應該很爽，可是休息忙花錢的人在花了一段時間之後，常常因爲邊際效應遞減，而漸漸失去了滿足與快樂。就像吃慣了高級美食的人，有了品味美食的能力，卻失去了單純的享受與快樂。

從另一個角度來看，人有兩種快樂的方向，一是Comfort，二是Fresh Air。Comfort，就是被動式的舒服享受的休閒，也就是旁觀式的休閒；Fresh Air，就是有投入、有付出的休閒，也就是參與式的休閒。

Fresh Air，直接翻譯就是「新鮮的空氣」，像是露營、做木工、打網球、爬山、粉刷家裡、做菜給家人或朋友吃、游泳、健身……這些參與式休閒，其實自己知道，只要去做這些事情，快樂是很穩定可以到來的！爬山看日出時，有時候會問自己，幹嘛那麼累，然而，爬到山頂吸到新鮮的空氣，真的會有一份很特別的喜悅。做木工，有時候努力做老半天偏偏接縫銜接處不吻合有誤差，不禁會問自己：「幹嘛不去ＩＫＥＡ買就好了？」然而，真的完成了作品，揮汗之餘，總有一份形容不出來的開心！因此，要記得在生活裡多安排一些參與式的休閒活動。在休閒生活裡，有一份投入，有一份付出與參與，如果裡頭還有一份與人的互動，那就更多滿足了。

那天，太太說要幫客廳換個顏色，想要刷油漆，我心裡嘀咕著（當然沒有說出來）：「家裡事情都忙不完了，哪裡還有時間刷油漆，請人來漆不就好啦？」嘀咕歸嘀咕，我太太很有個人風格，不是我心裡嘀咕就會改變的（所以才沒有說出來啊）。於是，挑顏色、買油漆，調油漆顏色、買梯子，貼邊縫膠帶……太太帶著女兒黃阿赦，大剌剌地刷起了油漆，這畫面還真是好看！

這就是超典型的參與式休閒活動呢！超有創意的夫人，在刷油漆之前，還開放了超好玩的遊戲，讓兩個女兒黃阿赧和黃毛毛小妹妹，可以在客廳牆壁上恣意地塗鴉創作。（之所以要在刷油漆之前開放這個活動，是因爲後來就會整個蓋掉啊！）

參與式休閒的主動投入參與，讓我們動起來有活著的感覺；單純躺著休息享受的旁觀式休閒，讓我們得以休養生息。所以，調整一下比例囉！讓兩者都有，這樣玩，說不定會更快樂喔！

不論成敗對錯，我用心準備

眼光，除了關注成敗對錯以外，也可以好好停留在「用心準備」的過程裡。用心準備是一段，看結果揭曉是一段。即使結果沒有很順利成功，用心準備的過程裡，喜悅與滿足並沒有打折。

我常常被求助的學生或個案問到：「老師，遇到這麼多難受的事情，我很想平靜下來，慌慌亂亂地好難受喔！」這裡就來說說這個部分——受困途中，如何得以平靜？

在一個很平常的秋天傍晚時分，還不到六點，夕陽快下去了，天光還有一點點亮，我騎著摩托車在台中市忠孝路不怎麼寬，但很舒服的路上慢慢騎，突然我看見了像是電影裡有美麗配樂的慢動作鏡頭：

忠孝夜市的攤子，一攤一攤正在準備著食材，客人還沒有排隊上門。攤子裡，一雙一雙的手，舀湯、下鹽巴、灑芝麻，專注的眼睛，專注的手，準備著一晚的豐盛；我看見了一張張美麗的臉，因爲單純平凡的專注，而讓時間停格了的美麗表情。

我被這個畫面給震撼住了。

在這些平凡人們的用心專注準備裡，我讀到了很深的平靜。

學習心理諮商的路途裡，有個被說到爛了的說法，叫做「過程比結果重要」。我很不喜歡這樣的外來語言，因爲就算搞懂了定義，什麼叫做「過程」，外來的語言還是讓我無法有感覺地學起來。這個傍晚，在忠孝夜市的電影停格畫面裡，我找到了在地的語言來說這個重要的觀念：「用心準備，比成敗對錯來得重要。」

用心準備的過程

十幾年來，我一直在找有什麼可操作、可複製的行爲，能穩定地帶來快樂與滿足。終於，被我找到第一個了！這個可操作、可複製的行爲，就叫做「用心準備」。

我們常常很看重成功與失敗，於是，從開始到宣判結果的路途裡，就提心吊膽，時而慌張，時而有壓迫。如果眼光總停在成敗對錯的結果端點，我們很難快樂滿足。那眼光要停在哪裡呢？眼光，其實無法從成敗對錯那裡移走的。為什麼？因為我們都是凡人，我們當然會在意。那怎麼辦？

關鍵就在於眼光停在哪裡。除了關注成敗對錯以外，要記得也可以好好停留在「用心準備」的過程裡，這也是並存的概念——是的，我在意成敗；是的，我也享受用心準備。

因而即使沒有很順利成功，用心準備的過程裡，喜悅與滿足並沒有打折。也就是說，這裡有個很重要的分段系統：用心準備是一段，看結果揭曉是一段。兩段可以有兩種心情，而這兩種心情可以在內在的世界裡，獨立存在。不會因為結果的不盡人意，準備時的充實感、投入感、滿足感就不存在了。

有一次，我和太太帶女兒從台中到台北娘家，三個小時的車程裡，黃阿赧小妹妹突然問媽媽：「馬麻，為什麼我想要吃什麼，妳都有啊？」（一路上，黃阿赧小妹妹要過水、梨子、養樂多、小餅乾、柚子……)

我親愛的太太開心又得意地說：「因爲馬麻有用心準備呀！」

如果用心準備的過程有平靜，用心準備的結果又被感謝，這樣的平靜與被感謝的並存，我們稱之爲「幸福」。

用心的過程，平靜滿足已然完成

我在台中有一個工作室，一直以來很享受的一件事就是：在工作坊開始前，到工作室去整理環境。十點才開始的工作坊，我常常八點多就到了，把門窗打開，讓空氣流動，掃地、拖地，洗淨成員們要用的杯子，煮開水……這些再平凡不過的事情，我常常可以很安在、很安靜地用心去做。

有時候，陽光從前陽台灑進來，我依著光線撿拾遺留在地的長髮，用手指捏起細細的髮絲……這個時候，很安靜、很平凡地用心準備，用心準備著迎接工作坊成員的到來。有沒有人知道我做了這些，說眞的不重要。因爲在我心裡，時間的分段，已經很清楚地發生了。

平靜滿足，在用心準備的時候就已經完成了。不管有沒有人知道，不管有沒有人感謝，不管有沒有人欣賞，我都已經享受了平靜與滿足，甚至有一絲絲的輕鬆快樂。

最美好的部分是：「用心準備」是我可以控制的。我沒有辦法控制別人喜歡我，我沒有辦法控制別人是不是喜歡上我的課，可是我可以控制的是，在這個早晨，沒有任何一個人看見我的早晨，可以這麼全然地用心準備。

因此，面對即將來臨的全國性生涯規畫研習，我想到的不只是自己這個年輕的講者，到時面對全國的諮商前輩會不會表現失常；我想到的還有我要用心準備。我要用心準備講義；我預想成員的組成、可能的需求，構思怎麼設計可以讓成員學得最清晰，學後用得最順暢。這樣的眼光投注方向，讓平靜可以依然在。

二〇一〇年，我花了一整年時間整理過去十幾年的隱喻與解夢治療的經驗，著手設計「夢境智慧探尋卡」（解夢卡）。依稀記得我一個人坐在中興大學旁安靜的書店座位，用心地斟酌解夢卡裡的一字一句。每張卡片，除了主要的解夢句型之外，都加上夢的例子，再加上精心書寫的解夢秘笈與解夢心法。這樣的用心準備設計解夢卡，讓我每一天，都擁有滿足與平靜。解夢卡推出之後，會不會成功，我不能預測。但是，我可以操作、可以複製的是——持續用心地思索與書寫。

所以，在受困的路途裡，可以唉唉叫；唉唉叫的同時，可以用心準備。用心準備儲備戰力，期待一舉突破困境；用心準備，安頓自己，期待下一個生命的契機；用心準備，學會看得見別人的難，也看得見自己的難；好好專注地看見自己的難得，也看得見別人的難得。

這麼一來，平靜，會不會眞的就悄悄地來了。

這一步，要怎麼下得最漂亮？

推算、計畫，是生涯規畫裡的重要元素，同時，學習回到這個當下時刻，想著「我這一步，要怎麼下得最漂亮？」也是不能忽略的好眼光。

曾在朋友的部落格裡，看見這麼一段話：「西洋棋專家和西洋棋頂級大師的差別在於：專家會想，下面的幾步棋要怎麼走，而西洋棋頂級大師想的是：這一步要怎麼下得最漂亮。」看到這句話時，我的心頭震了一下！隨之深呼吸。是的，要活得好，真的要知道：「這一步，我要怎麼下得最漂亮？」

年輕的棋士專家，的確用盡心思，去學會推算接下來的五步，甚至十步棋路。推算、計畫，是生涯規畫裡的重要元素，同時，學習回到這個當下時刻，想著「我這一步，要怎麼下得最漂亮？」也是不能忽略的好眼光。

「這一步，要怎麼下得最漂亮？」翻成白話文，可以是「這個時刻，做什麼會讓我活得最健康？」也可以是前文提到的「這個時刻，做什麼會讓我最快樂？」，或者「這個時刻，做什麼會讓我最喜歡我自己？」，這是好簡單又好難的行動，因爲問了自己之後，眞的要去做。

讓愛自己變簡單的「算紅豆」小法寶

打電動很容易，在臉書上瀏覽很容易，逛街買東西輕鬆又容易……去游泳池游泳挺難，去爬山露營很難，打電話約朋友出來說說話……那些容易的事，常常讓我們離開成長的道路；而那些難的事，其實也沒有那麼難，怎麼讓這些難的事變簡單呢？我有一個小法寶，叫做「算紅豆」。

算紅豆是我在學生時代的私房小方法，還記得當年我在美國馬里蘭大學念書時，臥房兼書房的窗台上，我放了一個裝滿紅豆的透明玻璃瓶，玻璃瓶旁邊有個可愛的小碟子。每次我做了讓自己更喜歡自己的事情，就會從裝滿紅豆的瓶子裡拿出一顆紅豆，放到小碟子上。如果自己做的這件事，讓我健康、快樂又多了自信，也就是一舉數得的健康行動，我就會抓兩三顆或一小把紅豆放進碟子。對我來說，一舉數得的健康行動，包括鼓起勇氣和指導教授約好論文討論的日期與時間、把讓我沉迷數日的電玩軟體丟到社區的大垃圾車裡、一連三天都打網球運動流汗。

每隔三週或一個月，我會看看碟子裡的紅豆。如果很少，就提醒自己，要多做些會讓自己健康，且更喜歡自己的事情。如果紅豆很多很滿，就知道自己扎扎實實地爲自己的成長負起了責任。即使有些日子並不好過，看著碟子裡滿滿的紅豆，我至少知道自己已經很努力在照顧自己、滋養自己了。慌亂，就會少一些，因爲越胡亂過日子，成長的過程就會越多慌亂。有了紅豆，一顆一顆的計算著自己的負責與投入，一天一天的累積裡，就更有機會長成我們想長的樣子。

別忘了耕耘自己的內在花園

在我的博士論文裡，年輕的大學生小玲（代名）曾說出一個很美的滋養自己的隱喻，叫做「帶著走的小花園」。小玲因爲情感困擾，和諮商師談了兩個月，在晤談結束前，她們回顧著兩個月來的諮商過程：

諮商師問小玲：「這一段時間裡，你自己有沒有什麼變化？」

小玲這麼說：「我自己有一座花園，裡面種了很多五顏六色的花……因爲我都去照顧小盆栽（男朋友），然後我自己的花園就荒廢掉了。」

諮商師問：「在這裡妳被（小盆栽）綁住了，如果妳再談一次戀愛，妳的花園怎麼辦？」小玲表示自己的這座花園是可移動、可以帶著走的。最後一次晤談時諮商師畫了一幅有輪子的小花園畫，送給小玲。

小玲自己說的話語最生動了：「我的花園是帶著走的，當我要去照顧別人的時候，我可以順便照顧自己的花園……而不是『咚咚咚』地跑去照顧別人，然後自己的花園就……不理了。」

生活中，當小玲做了件自己喜歡做的事，或是做了一件讓自己覺得比較獨立、更貼近自己的事時，就會高興地轉過身，丟顆種子到自己的花園裡。

如果我們都有自己的一塊土地、一座花園、一片山坡地，那麼我可以怎麼一天一天的耕耘、挖土、引水灌溉？這塊土地，這片園地，只有你親手耕耘，才會眞有豐收的可能。要怎麼做，才能尋得好種子，在合適的天光雨水下，好好地播下種子？我用一顆一顆的紅豆，累積一個又一個更喜歡自己的故事；小玲用一個一個有力量的行動，來豐富自己帶著走的小花園。說不定，你也可以回頭看看你的花園、你的那片土地，現在長什麼樣子？

好不起來怎麼辦？

遇到心理或身體的困境時，有兩個解套的方向：一是用行動取代思考，把擔憂的時間力氣拿來問自己：「來做點什麼好？」二是接觸更深的自己，擁有更深刻的覺察與對自己的懂。

我小時候體弱多病，聽母親說三五天就要去一趟醫生館。模糊的記憶裡，隱約記得自己不舒服時，常常在大通舖上翻來翻去。可能是因爲這樣，我很怕生病感冒，每回身體一不舒服，就好像天都要塌下來了一樣。

結婚之後發現，當夫妻倆一起感冒的時候，我太太偶而難受「唉」一下，其他時候很正常。而我卻從喉嚨痛的第一天開始，就像快要淹死的雞一樣，痛苦掙扎。有次在浴室跟太太聊天時，我好奇地問：「妳感冒難受的時候，是不是不會去想接下來有多難受？」太太刷著牙，很帥氣瀟脫一點都不猶疑地說：「對啊！幹嘛想接下來？」

被擔心給淹沒了怎麼辦？

從那一刻起，我才知道原來不是全世界的人都跟我一樣，會這樣不聰明的「未雨綢繆」。發現自己感冒了，在一開始只有喉嚨痛的時候，就擔心後來可能會來的頭暈或其他的不舒服，於是我的痛苦就加成了。這就是一不小心自動化地把「明天可能的負擔與痛苦」拿來今天品嚐。這樣的未雨綢繆，讓生活變得辛苦，也讓滿足喜悅的可能被擠走了。

那可以怎麼辦？

可以練習的新習慣是：知道我現在有這個症狀，單純地停留在這個知道，然後問自己：「我身體好好的時候，這個時刻、這個地點，我會做什麼讓我更快樂？」然後就去做，以具體行動取代空想擔憂。

當我問自己：「如果身體好好的，我會做什麼事情，讓自己的生活好玩或快樂？」腦中出現的答案是：我可以煮湯給一家子當晚餐加菜啊！然後就開始在廚房裡熬煮排骨玉米湯，在廚房一忙起來，就忘了本來的煩惱了。喝喝熱湯，又挺舒服，又可以讓太太輕鬆一些，也讓女兒喝到爸爸熬的好湯頭，眞是一舉數得！

從心理學的催眠暗示角度來看，人越去想可能接踵而來的身體不適症狀，就越容易出現這樣的症狀。但事實上，身體的病症或不適，並不像我們想像的有一定的流程與先後，所以，如果我們用行動取代了煩惱思緒（也就是觸發進一步的症狀產生的思緒），就有可能跳過不少難受與負擔，更快速有效地康復。

要用行動取代煩惱，就需要先有觸發行動的自我對話問句：「來做點什麼好？」用這個有力量的問句，取代原本的：「糟了，又感冒了，接下來幾天慘了……」

爲什麼要用行動來取代擔憂的自動化迴圈？從壓力管理的專業裡可以看出端倪來。壓力管理非常強調運動的重要，因爲人在運動時，很難同時擔憂思考。你可以想像自己正在棒球場上鎭守游擊位置，如果要接住一顆打擊者擊出的強勁滾地球，你一定沒辦法一邊移動身體手套去接球，一邊還想著本來心裡的擔憂煩惱（如果你在擔憂煩惱，你就會被球打到，而不是接住球、帥氣地快傳一壘）。透過身體的活動，中斷、取代了原有的煩惱迴圈。所以，當你眞的能夠花時間去運動時，大腦的擔憂迴圈就自然停了下來，於是有了休養生息的可能。

「來做點什麼好？」是一個典型又好操作的行動引出句型。因為當你這樣問自己時，大腦就會自動去想可以做的事情，而當你開始行動時，原本的擔憂就被擠走了。使用這樣的行動引出句型，持續練習幾次以後，這樣健康的取代模式，會逐漸變成一種不需要思考就能有行動的新習慣。

心情好不起來怎麼辦？

我有位好朋友，經常喜歡背著背包到印度、西藏旅行。她是一位很特別的國小老師，有好一陣子她困境連連。有一回我們在MSN上遇到，她說著自己的狀況：「這幾天我開始寫日記陪自己。很多年沒寫日記了，想起寫日記可以讓自己慢下來、安靜下來，是陪自己的方法，一點一點踏實地陪自己。國中、高中和大學時，我都是用寫日記陪自己。所以，把這老方法找回來。」

我聽著聽著很有感覺，就起了頭說了一個小故事：「我們在野外看稀有鳥類的時候，一定不能只是一直去找稀有鳥類。要先靜靜地看眼前飛來飛去的那些常見的鳥，像是白耳畫眉、栗背林鴝；看林道的樹木、昆蟲、青蛙；安靜地看一般的小東西。然後，安靜了十分鐘、二十分鐘、半小時，因爲安靜了，稀有鳥類就出現在眼前。我有一次在大雪山二一〇林道賞鳥，一天之內，看見白喉笑鶇、藍腹鷴、帝雉。這三種鳥，賞鳥界稱之爲『白蘭地』，都是稀有鳥類，很不容易看見的！」這是眞實的故事，也是一個好隱喻。因爲自己慢慢安靜了，周遭也跟著安靜了，稀有珍貴的東西就自然出現了……聽起來，寫日記是屬於妳讓自己安靜的好方法，是一個貼近土地，著地扎根的方法。透過寫日記來安靜自己，然後其他的自己內在的資源自然會跟著來。

臨床上，遇到心理或身體的困境時，有兩個解套的方向：第一個方向是用行動取代思考，作法就是前面說過的，把擔憂的時間力氣拿來問自己：「來做點什麼好？」透過這樣的行動引出句型，讓行動取代煩惱。第二個方向是接觸更深的自己，擁有更深刻的覺察與對自己的懂。《地海戰記》這本書裡，有一句名言：「要聆聽，必先靜默。」安靜，才有了大大的空間，讓對自己的懂可以浮現。

有了部落格以後，大家都不太寫日記了。

有了臉書以後，很多人都不寫部落格了。

有了Email以後，寫卡片寫信的人變成少數族群了。

寫日記、寫部落格、寫卡片、寫信，透過書寫有機會讓自己再更安靜一點點。

聆聽內在的自己，本來的熱情去了哪裡？在生命的這個時刻，渴望著什麼？

自由的花，開在自我要求的土壤上

一味追求自由，會跌倒、會受傷；一味自我要求，會嚴肅、給人壓力。擁有規律的自我要求，加上允許自己自由移動，人生就有機會創造出美麗的花園。

我太太從小在台北長大，有一群眞摯可愛的前輩疼愛照顧，其中最常提及的有兩個叔叔，一位是老歐叔叔，一位是小區（音唸「ㄡ」）叔叔。老歐叔叔，是現任高鐵董事長歐晉德，我也跟著叫歐叔叔；小區叔叔，就是鹽寮淨土的區紀復前輩。

簡單樸實、自由純真的小區叔叔

那天，我剛帶完花蓮女中舉辦的輔導知能研習，在海邊的可愛民宿裡，我和太太正要開始度假，竟然巧遇岳父大人。岳父和小區叔叔是四十幾年的老朋友，於是我們一起在路邊停車接了小區叔叔。小區叔叔一上車，從破破的包包裡，拿出了三顆番茄，然後說：「這是自己長出來的，不是我種的。」我一輩子第一次吃到自己從土裡長出的番茄。

走在海邊，小區叔叔又從舊舊的包包裡，拿出一顆小石頭跟我太太說：「我沒有參加妳的婚禮，現在送妳一個小禮物。」那是一顆有點接近圓形的花東海岸常見的扁平石頭，上面有美麗的提字，寫了一個「愛」字。我一直都聽說小區叔叔很會寫書法，簡單的一個字，眞的是藝術家的作品。

小區叔叔一舉手一投足，都是哲學家、藝術家的風範。小小的舊包包，可以拿出三顆自己從土地裡長出來的新鮮番茄；小小的舊包包，可以拿出隨手創作卻讓人想珍藏的好禮物。我想珍貴的，是那顆自由的心。小區叔叔寫過一本書，叫做《越少越自由》，那是一種我嚮往的生活典範，外在需要的越少，內在就越自由。

晚餐的時候，七十歲的小區叔叔把盤子上裝飾用的生菜葉，一葉一葉夾進他的碗裡；墊在烤松阪豬下的豆芽菜，也進了小區叔叔的碗裡。沒有矯情，沒有特意，是生活的眞實樣貌。這個畫面，我看在眼裡，接收到心裡，深呼吸了好幾回……

簡單樸實的生活，讓一個七十歲的前輩，看起來如此純眞。眼前這個可愛的長者，二十年前義無反顧地離開高薪的南亞塑膠工程師的工作，離開繁華，走到鹽寮海邊後，就未曾間斷地過著如此簡單的修行生活。

我們開心地吃完晚餐，一行人走出餐廳，準備搭車去吃西瓜大王。在騎樓旁，小區叔叔很和藹地跟我這個後輩說：「做心理的，還是自由的好。」

淡淡的一句話，卻大大地震撼了我。

身邊鼓勵我的人不少，但是，這句話迴盪最久——做心理的，還是自由的好。不就眞的是這樣嗎？沒有自由，我哪裡能夠好好專注地產生好的創作；沒有自由，我哪裡能夠配著音樂，在工作坊裡說出動人的隱喻故事。小區叔叔一句短短、沒有廢話的話，就這樣支撐了我！

自由，不是漫無邊際地活著；自由，如果是一棵樹，那麼讓樹好好長大的土壤就是心甘情願地自我要求與規律。我想，小區叔叔一個人住在花蓮海邊，一定不會自由地亂睡覺；我猜，他有喜歡的散步小徑；我猜，他有喜歡說話的人；我猜，他有最喜歡採收的土裡自己長出來的野菜。

鍛鍊自己內在的支撐力

很多認識我的朋友，都覺得我是個自由不受拘束的人。聽我說過隱喻故事的人，有時候會挺讚嘆音樂一放，我的內在就會開始自由流動，然後好聽的故事就這麼自然地湧出。自由的我，是一棵迎風搖擺的樹；而長時間規律的自我要求，是滋養我的土壤。

沒有自我要求的規律而只要自由，那就會鬆散人生，甚至讓身邊的人受苦。二〇〇〇年到二〇一二年，我很規律的每年帶六十到一百場工作坊，十二年裡一共帶了七百多天的工作坊，這是規律的自我要求。生活裡，好朋友們都知道我每星期打兩到三次網球，十五年沒有間斷。我還有一個很好笑的規律生活，就是每星期都上髮廊洗頭。因爲我知道，我的創意來自我的頭，而我的短短的平頭被洗了按摩之後，會火力全開地發動創作的可能。

一味追求自由，會跌倒、會受傷；一味自我要求，會嚴肅、給人壓力。擁有規律的自我要求，加上允許自己自由移動，人生就有機會創造出美麗的花園。

有次在一個長期團體裡，一位充滿智慧的老朋友說了一段擲地有聲的話。上校退伍的他中氣十足地說：「鐵和鋼，差的就是一個C（碳）。」什麼意思？恨鐵不成鋼這個詞裡，易脆的鐵要怎麼樣才能變成堅實的鋼？在化學式裡，鐵只要加進了C這個元素，就可以變成鋼。

這個C，就是「自己內在的支撐力」，也就是眞正的「爲自己負責」，包括「負責讓自己好起來」「負責移動自己的眼睛，不停留在批評裡，移動到愛與鼓勵裡成長。」親愛的朋友，讓我們一起來鍛鍊我們的「C」，讓我們一步一步從鐵鍊成鋼，從「爲自己負責」開始。

每個人都有兩個自己

逐漸地信任自己正在經驗的種種，同時把握機會練習並存。讓兩個我一天一天的靠近。愛，開始感覺收得進來、存得起來；同時可以愛自己，甚至愛別人。最後，看見幸福的可能，真的出現在眼前。

每個人都有兩個我，一個是我「以爲的我」，另一個是「眞實的我自己」。比如說，某個人覺得自己呈現出來的樣子，是可愛的、親切的、舉止得宜的，這是「以爲的我」；但是骨子裡，他是嚴肅的、嚴謹的，只是他想呈現出可愛親切的樣子。又例如，有人想要呈現出的自己是充滿自信的、有力量的（以爲的我），其實骨子裡是對自己充滿懷疑不確定的人（眞實的我自己）。上面的這幾個句子裡，你可能已經發現「其實骨子裡」之後的內容，就是「眞實的我自己」。

這兩個我，就像桌上分開的兩個杯子，在成長的過程中，可能因爲傷，因爲一

圖一

個一個的不知道怎麼辦，兩個杯子離得越來越遠。我們面對外在世界時，使用的面貌，是「以爲的我」，而那個心裡頭「眞實的我自己」有時候連自己要接近都有困難。

用圖（如圖一）來看，人（A）與人（B）的距離，表面上看起來似乎是A1與B1的距離，但其實，眞正的距離，是A2與B2的距離（A1＝A以爲的我，A2＝A眞實的我自己）。

兩個我離太遠，就得不到滋養

我們常常聽到有人說：「奇怪，我明明就很靠近他了，身體也很親近了，爲什麼我覺得他還是離我好遠好遠……」如果是這樣，那麼這個他「以爲的我」和「眞實的我自己」，很可能像楚河漢界般遙遠，或者另一個可能（這是需要深呼吸才能承接住的）是——你自己的兩個我，離得好遠好遠。

如果我的兩個杯子離得很遠，於是當別人靠近「我以爲的我」，給出了愛，愛傳啊傳，每每傳到一半，因爲路途太遙遠，愛就散掉了，滋養不到「眞實的我自己」。如果成長過程夠滋養，或者經過多年的內在整理，我的兩個杯子可以很靠近，別人的愛傳來時，愛就可以順暢地流動到「眞實的我自己」。

那麼要如何讓自己的這兩個杯子逐漸靠近呢？概念上，就是要讓我們內在很多不同的部分可以同時並存，這是影響我很大的老師——吉利根博士，他的另一個重要的好概念。如果我們把內在不同的部分用「這個我」和「那個我」來稱呼，當「這個我」和「那個我」是分

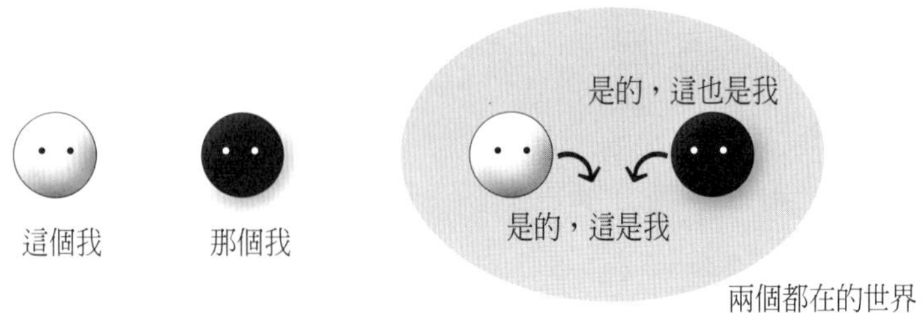
這個我
那個我
是的，這也是我
是的，這是我
兩個都在的世界
圖二

開或斷裂的時候，內在就會拉扯，而拉扯是很耗力氣的，所以常常需要自己撐著，撐久了會好累好累（如圖二）。

換句話說，「這個我」和「那個我」都是內在不同的聲音，是內在的一部分。當我們說「哎呀，我好想出國讀書，又會怕孤單」時，第一個「好想」，就是一個部分，後面的「又會」，就是另一個部分。

習慣上，我們爲了要能行動，人會自動化地只聽見一個部分說話。可能爲了照顧自己怕孤單的需求，就不出國了；或者只重視出國的冒險需求、生涯夢想需求，而不顧心裡被愛被關心的需求。如果這兩個聲音一直打架，心裡頭會出現這樣的對話：

「奇怪，別人就不會怕，爲什麼只有我會怕……」

「沒出國讀書又不會怎樣，還是留下來，有朋友在身旁比較重要。可是，哎呀……」

信任我正在經驗的，在生活裡練習並存

怎麼把這兩個我，變得越來越靠近，甚至有一天，兩個杯子成爲一個杯子呢？在自己生命裡練習了十幾年後，我找到的兩個最主要的好方法：

1信任我正在經驗的

2在生活裡練習並存

信任我正在經驗的：換句話說，就是別人說的，不一定跟我的經驗一樣（通常都是不一樣，所以才叫別人的經驗啊），所以，我有我的經驗。我有害怕，我有緊張，我有擔心；同時，我有努力，我有用心，我有想要冒一點點險；於是我從自己的經驗裡、故事裡，長出對自己的相信，長出自己的判斷，長出自己擁有的選擇與智慧。

並存的練習：就是把心裡出現的「或者」（OR）和「可是」（BUT），都

換成「同時」（AND）。例如：

把「唉，到底我是不喜歡企管系，還是（OR）喜歡心理學呢？」換成：「是的，我眞的有困難學習企管的專業了；同時（AND），是的，我偷偷的開始愛上了心理學；是的，這兩個都是我的一部分。」

把「我好享受他對我那麼好，可是（BUT）怎麼感覺哪裡不太對啊……」換成：「是的，我很享受他對我的體貼、對我的好；同時（AND），是的，我隱隱地覺得不太對勁；是的，這兩個都是我的一部分。」（哈克小提醒：在這裡，每一個「是的」，每一個「逗點符號」，都是可以停下來深呼吸的地方。深呼吸，是讓這些念頭這些內在的部分，有進到心裡頭的時間與空間。所以，試試看慢慢唸，會有不同的感覺與收穫喔！）

有的人的杯子，好不容易靠近些了，卻又因爲事件的發生，再度拉遠。有人不放棄一次又一次練習，一遍一遍的把自己找回來，於是有一天就眞的走到兩個杯子很近的位置，不再輕易把自己推開，因而越活越好。一旦用心練習，我們將有機會走過人生裡無法跳過的四個步驟（如圖三）：

1逐漸地信任我正在經驗的種種，同時把握機會練習並存。

2兩個杯子一天一天的靠近。

3愛，開始感覺收得進來、存得起來；同時可以愛自己，甚至愛別人。

4看見幸福的可能，眞的出現在眼前。

就這樣一步一步地向前走去……

並存的練習
信任我正經驗的

⬇

讓兩個杯子
越來越靠近

⬇

能接收愛
能愛己愛人

⬇

幸福
的可能

圖三

PART 4

活出精采的秘密武器——和潛意識做好朋友

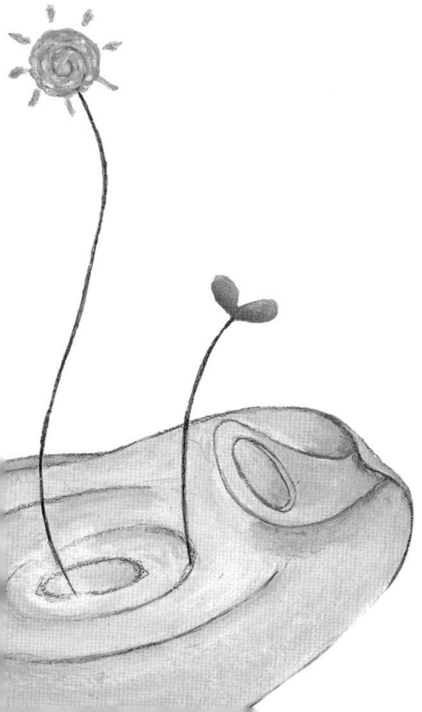

和潛意識當好朋友

隱喻和解夢，都很有趣，也很適合與親近的朋友一起玩、一起體會。人生如果有了潛意識這個好朋友，面對掙扎、困難、混亂時，就有機會少一些孤單，多一些力量。

有一年的秋天，在南區的輔導研習裡，遇見一位英氣勃勃的男老師，在小組分享的時候，他拿起團體室裡的一隻布偶小山豬，說：「有一部分的我，其實很像這隻小山豬……」小組的伙伴有點驚訝地看著這位年輕老師，他手裡拿著小山豬，說起一段故事：

「我是鄉下長大的孩子，上了大學以後，有一種女生不敢追，就是台北來的女生，因爲我覺得自己很土。有一次，我去台北找一個喜歡的女生，兩人要進入一棟很現代化的大樓，入口大門是會慢慢動的玻璃旋轉門，一次只能一個人進去的那種，然後門就會跟著你的腳步移動，但因爲我當時太土了，根本不知道那種設備。我喜歡的女生走進去後，我就跟著她一起進去同一格裡，結果兩個人就卡住了。她回頭看了我一眼，沒有說什麼，可是我自己心裡覺得好丟臉喔，我怎麼連這個都不知道……這是我，小山豬是我的一部分，我土土的。」

隱喻故事讓人靠近彼此

小山豬，是一個活跳跳的隱喻。一段故事、經驗、感受，用一隻貼切的小山豬隱喻，就把故事裡的感覺整個呈現出來了。看著小山豬，聽完這段故事，小組裡的一群人，不知爲何突然間就跟這個年輕老師靠近了。之所以會有靠近的感覺，是因爲小山豬的影像，加上這段眞實的故事，讓好幾個人都想起了自己某個質樸憨厚的部分。隱喻，是接近潛意識最生活化的管道了。潛意識，是很多人熟悉又陌生的心理學名詞。用最簡單的語言來說，潛意識指的就是能清楚地意識與思考之外的那些東西。潛意識，包含很多沒有被動用過的資源，還有那些被我們遺落很久的記憶，像是傷痕、快樂、辛酸、委屈、興奮……

如果想要在自己的人生裡，擁有堅強的靠山，那麼潛意識是可以長期經營的好朋友。要接近潛意識，有三條道路：解夢、隱喻、催眠。其中，催眠的學習難度最高，需要較多專業的訓練和培養；而隱喻與解夢，是最能在日常生活裡操作使用的好管道。

因此，若想和潛意識變成好朋友，可以先試試看的是：一，使用隱喻；二，記夢、解夢。

什麼是記夢、解夢呢？

夢境，是另一個很生活化的好東西；把夢記下來，是對潛意識最直接的一份歡迎與善意。

科學上認爲，人幾乎每天都會做夢。有些人清晰記得自己的夢，有些人不記得做過的夢。夢來了，不一定解得開，但是可以注意它、尊敬它。更重要的是，歡迎它、享受它、喜歡它的創意。記夢的時候，可以在睡前，先跟自己的潛意識說：「親愛的潛意識，請你幫我一個忙，讓我今晚可以作一個夢，並且記著，讓我醒來以後可以寫下來，讓我有機會更靠近你、懂你，和你一起合作……」然後，在床邊準備好空白的紙和好寫的筆，就去好好睡一覺。半夜如果醒來，請趕緊先寫下記得的夢境，即使只是片段、模糊的，都很好。一旦開始記夢，下一個夢會變得更清晰、更容易靠近。

夢就像潛意識寫給你的信

鑽研夢這個主題的心理治療大師尤金·甘得林（Eugene Gendlin）說：「假設朋友寄給你一封信，你打開信看了，可是看不懂，於是把信帶在身上，有空就試著讀讀看。如果你這樣看待朋友的信，當你遇見朋友的時候，朋友問你，『有收到我的信嗎？』你回答說，『有，有。我看不懂，可是我帶在身上，有空就讀讀看。』你猜，這個朋友願不願意寫第二封信給你？我猜非常有可能是願意的！另一種情形是：朋友寄給你一封信，你沒有把信打開，一忙就忘了有這封信。朋友知道你沒有看信，下回大概就不會寫信給你了。」

潛意識發了一個夢，就像朋友寫了一封信給我們一樣。我們不一定要讀懂，但是，可以很願意讀，記錄下來，願意珍惜。這樣，潛意識才會慢慢地把我們當好朋友，說更清楚、更深刻的話給我們聽。

我這幾年帶領解夢工作坊時，遇見一群對夢有高度興趣的朋友。這些朋友裡，有些很想靠近夢，卻又害怕夢，他們形容：「夢，像是眼前的黑暗，驅使著我走向前，卻又擔心那個黑……又愛又怕。」

除了擔心的人以外，也有些人覺得夢很有趣好玩！他們形容：「夢，像是故事書，它會自己編劇情。打開它，就覺得非常非常有樂趣，每次打開都是全新的劇情。夢就像一個小皮球，我可以拿來和別人玩、和自己玩或去投籃。投籃有時會落空，有時會投進籃框。」除此之外，還有人超級生動地描述夢：「我覺得夢是我想像中的iPhone，裡面有GPS定位導航，也有一些小遊戲。在我無聊的時候，可以拿出來玩一玩；在我需要知道方向的時候，也可以問它。」

如果把自己的夢記下來，又有機會說給親近安全的好朋友聽，特別是紅橙黃綠的朋友分類系統裡的「橙」和「紅」的朋友，那麼夢境常常在說著說著之間，就更被懂了。

簡單解夢的生活化語法

解夢，有很專業的語法，也有很生活化的語法。這裡舉例介紹幾個適合給剛入門的人運用的語法（若有興趣更了解夢，可以參考〈附錄二〉的解夢句型）。

解夢剛開始時可以使用的句型

「你最近有沒有什麼煩惱？或者是讓你常常想來想去，心裡關注著的東西？說幾個讓我知道，好嗎？等一下我們一起來連連看，說不定可以找到夢和生活的關連。」

「你剛剛說，夢裡有一隻大狗，多大？用手比給我看好嗎？這麼大隻啊，狗什麼顏色？狗有叫嗎？」

「你剛剛說，夢裡有腳踏車、山路、小女孩、輪胎漏氣，這些有沒有哪個讓你最迷惑、最好奇或最想探索的？」

有了發現以後可以使用的句型

「這個夢在跟你說些什麼？如果這個夢是一種提醒，你猜這個夢正在提醒你什麼？」

隱喻和解夢，都很有趣，也很適合與親近的朋友一起玩、一起體會。人生如果有了潛意識這個好朋友，面對掙扎、困難、混亂時，就有機會少一些孤單，多一些力量。

好隱喻，可以陪到心底去

貼切的隱喻或故事，我們聽了會不自覺地認同其中一個角色。一旦我們心裡認同了一個角色，這個角色就開始活生生地活在聽者的心裡了。

隱喻，有時只是一句簡短的形容詞。

你可能聽朋友這樣描述過自己的狀況：「我的眼前一片黑暗。」這時你可以很同理地回應說：「那一定很難受……」你也可以選擇用隱喻來靠近朋友：「黑暗喔！那是不是會很期待看到亮光早一點來到。」或者，你也可以探索一下：「說說那個黑，是怎麼樣的黑呢？」

日常生活中，我自己常常用動物的隱喻，像是小花豹、小馬、小紅隼來表達自己，熟識我的朋友會問我：「你的小紅隼在哪裡？」我回說：「小紅隼在黑黑的夜裡，枝頭上吹著風，風咻咻叫，好冷好冷的冬夜……」這樣的傳達，有時比直接說出心情還要更接近內在狀態，也更生動、立體地被了解。

把愛完整送到孩子心底的隱喻故事

跟孩子互動時，隱喻也是很好的管道。有一個安靜的早晨，我遠遠聽到五歲的女兒黃阿赧和三歲的黃毛毛在爭吵，接下來聽到腳步聲加上哭泣聲慢慢靠近我的睡房，聽聲音就知道是黃毛毛來了。黃毛毛開門進來，爬上床，像小妹妹趴在大龍貓身上那樣，在我懷裡啜泣。我輕聲問：「怎麼了？」「嗚嗚嗚，姊姊……我……嗚嗚……」說眞的，我一句都聽不懂。

不到三十秒，另一個小女孩也哭著走進我的房間，黃阿赧也來了。我躺在床上，左手抱著小女兒，右手抱著大女兒，我輕聲地問黃阿赧：「怎麼了？」「嗚嗚嗚，我……然後毛毛打我……後來我就踢毛毛，馬麻就凶凶！」黃阿赧五歲了，邏輯描述清晰多了。不過，說眞的，我還眞的沒有聽懂她們到底在吵什麼。孩子的爭吵，說穿了，大多是你拿了我的什麼，我不肯給你什麼之類的大小事。不過，有意思的是，排解小孩之間的糾紛，其實不一定要聽懂。我看看兩個女兒說，「把拔來講一個故事給你們聽。」

「有兩隻猴子，呵呵和癢癢，他們很喜歡一起玩。玩得開心的時候，都會哈哈哈一直笑，好開心、好高興、好興奮！可是，有時候呵呵和癢癢會吵架，一吵架，就會很難受、不舒服、不高興，很想要把對方推開，推得遠遠的……在一起的時候，會開心，也會吵架。可是，如果呵呵不在，只有癢癢一個，就會好無聊好無聊喔！」

兩個小女孩，在爸爸懷裡，聽得很起勁，都忘了繼續哭了。我繼續講：「森林裡，有一隻小河馬，他有一個可愛的名字，叫做小河馬波波。小河馬波波有一天遇到了小鱷魚赫赫……小鱷魚赫赫有一副看起來很可怕的牙齒，牙齒好尖、好尖，看起來就好可怕。小河馬波波看著小鱷魚赫赫說，我要來數一數你有幾顆尖尖的牙齒。一二三四五……怎麼那麼多啊！小河馬波波也有很多牙齒，而且小河馬波波的牙齒圓圓的好可愛喔！一二三四五……哇，好多可愛的小牙齒喔……小河馬波波和小鱷魚赫赫，後來還會發生什麼故事呢？下次把拔再跟你們說喔！」

神奇的事情發生了，兩個小女孩聽完故事，不約而同翻身下床，走到客廳。然後，我聽到黃阿赧跟妹妹黃毛毛說：「來，姊姊說故事給妳聽。」五分鐘前還吵的不可開交的姊妹，相親相愛起來了，眞好。

來倒帶一下，呵呵和癢癢的故事用意很明顯，就是在說著，姊妹之間的爭吵與平常擁有的快樂，是兩個都在的。不要因爲吵架，就忘了常常是因爲有姊妹的在，而帶來的快樂。小鱷魚赫赫和小河馬波波，就有意思了。這兩個現場突發奇想創造出來的隱喻主角，說的是每個孩子的心裡，都住著兩個部分，一個是可愛的部分，一個是會讓人難受害怕的部分，這兩個，都是眞實的自己。有這兩個部分，是眞實的，是很自然的。

以上是隱喻治療的專家概念。回到生活裡，我問大女兒：「剛剛妳們不是還在吵架嗎？怎麼一下子妳就願意講故事給妹妹聽了？」大女兒一點都不遲疑地回答：「因爲我被把拔愛到了，就可以去愛妹妹了啊！」哇！原來是隱喻故事，把愛完整地送去孩子心底了啊！

引發共鳴、令人觸動的貼切隱喻

還記得有一回帶領隱喻故事工作坊時，我說了一個短短的「小翅膀的故事」。故事是這樣的：

小翅膀小小的，小翅膀總是喜歡跟著大翅膀飛翔。乘著大翅膀可以衝向天際，也可以俯衝到水邊。小翅膀好享受，覺得有大翅膀好好喔！可是，有些時候，小翅膀想要飛去小溪旁，不巧的是，大翅膀正隨著風自由地飛，或者正在與強勁的氣流搏鬥，所以聽不到小翅膀的聲音……小翅膀心裡想：「我的翅膀這麼小，飛也飛不動，該怎麼辦？」飛不動的小翅膀好難過，看著小小的翅膀，又心疼又難受……

這個夜裡，遠遠的又近近的，小翅膀好像聽到心裡傳來一個聲音：「小翅膀啊小翅膀，翅膀不是以大小來分的喔，翅膀有好多種，有透明的精靈翅膀，有靠輪軸轉動的機器翅膀，有色彩繽紛的彩虹翅膀，有好多很不一樣的特別翅膀，還有一種會變化的翅膀，會變大還會變小，需要變大的時候，咻就變大了；需要變小的時候，咻就變小了。」

原來有這麼多種不同的翅膀啊！小翅膀問自己：「那我要怎麼樣才能飛起來呢？」這眞是個好問題！小翅膀認眞地問自己：「那我要做什麼，讓我的翅膀更強壯、更有韌性、更有隨風調整的能力？是啊，我要做什麼呢？」夜裡，好靜好靜的夜裡，小翅膀那麼認眞、那麼用心地看著自己好不容易才長出來的小翅膀。那是從前沒有的，是自己一直好想要、好珍貴的小翅膀……

還記得有位成員在聽完小翅膀的故事後，很有感覺地分享：「……眼眶都濕了，好像在說我耶！我喜歡小翅膀，會聯想到小天使的翅膀，很特別的小翅膀有了生命，我感到有能量在我裡面慢慢升起。之前好像對自己完全喪失信心……可是原來有這麼多種特別的翅膀啊。那麼認眞、那麼用心地看著自己，讓我好感動，從前是沒有的，好珍貴的、自己的小翅膀……」

貼切的隱喻或故事，會讓人出現「眼眶都濕了，好像在說我耶！」的反應。就好像看金庸武俠小說時，讀到郭靖、黃蓉、令狐沖、儀琳師妹、洪七公時，讀者聽了會不自覺地認同其中一個角色一樣。一旦我們心裡認同了一個角色，這個角色就開始活生生地活在聽者的心裡了。

清洗我的內在寶石

試試看，短短的十五到二十分鐘，寶石被好好地清洗了，內在隱喻改變了，看待外面世界的地圖也跟著變了。說不定，我們的生活也會跟著豐富精采起來呢！

一轉眼，我做隱喻治療訓練已經超過十五年了。訓練用的隱喻講義，多年來修改了不下四五十回，但有幾個非常有力量的經典活動，仍然屹立不搖的存留下來，其中之一就是「清洗內在寶石」。這是個再簡單不過的小活動，卻有不少參加工作坊的成員在活動進行之後，驚訝地發現：ㄟ！怎麼心情在寶石清洗之後，有了不小的變化。有些人平靜了下來，有些人感覺落了地，有些人發現跟自己更接近了。許多人問：「爲什麼會這樣？」我總是這樣回答：「因爲我們依著內在的畫面，而擁有活著的樣貌。」

這個活動很簡單，一開始我會請大家閉上眼睛，靜靜地看見內在的一顆寶石，然後用清水，或者乾淨的布，擦拭、清洗這塊寶石。如果一開始你看見的寶石，上頭蓋著灰塵，那代表你的生活裡，也蒙著塵土。當寶石沒有清洗之前，我們就活在烏漆嘛黑的日子裡；而清洗之後，寶石亮了起來，內在也跟著明亮，於是我們有了明亮的可能。這是一個MAP的概念，地圖紛亂，我們會無助；地圖清晰，我們就清明篤定，帶著希望往前跨進。當有一天，你心裡想安靜的時候，可以搭配喜歡的音樂（簡單的鋼琴、吉他、大自然音樂都很好），找個好朋友，照著下面我這段私房手稿，唸給你聽，陪你一小段：

愛自己、照顧自己的隱喻練習——「清洗內在寶石」

閉上眼睛，讓你的身體稍微坐直。邀請你把右手放到頭頂，輕輕的……滑過你的脖子，接觸自己的身體，非常好……用你的速度。我們只要觸碰自己的身體，心就會安靜下來……用你的速度，讓你的另外一隻手滑下來……非常好……如果有深呼吸要出來、想吐氣，就把氣吐出來，讓它自然地發生，那會很好。看看身體還有哪裡是繃緊的，摸摸那邊，跟那邊說，鬆開來……鬆開來……很好。

每個人的心裡，都有一顆寶石。有些人的寶石比較大顆，有些人的比較小，你心裡面的寶石長什麼樣子呢？我邀請你把眼鏡拿下來，如果有手表，暫時放旁邊，放在你會安心的位置。我們要一起來看心裡面的寶石。也邀請你閉上眼睛，做兩個深呼吸……很好。

如果你心裡有一顆寶石，這顆寶石是什麼材質呢？它有什麼形狀？說不定你好久沒去看它了，所以剛開始的時候，它會遠遠的。邀請它到你的面前來，或者你在心裡頭，朝它慢慢走去。於是在你的眼前，可以慢慢地出現這一顆屬於自己心中的寶石。

用你的手，去感覺這顆寶石長什麼樣子。你的手眞的會動起來，在你的……可能是胸口，或者……肚子的位置，或者眼前，用你的手比出寶石的樣子。你的手眞的會動起來，非常好……對……有些寶石用手可以握得住，有些寶石要用手捧起來，因爲好大一顆；有些寶石小小的座落在某個角落，要好細心才看得見。

接下來，用你右手食指的指尖，去接觸它，輕輕地……摸起來感覺怎麼樣？

硬硬的嗎？還是軟軟的？是有彈性的嗎？是有角度的嗎？對……輕輕地碰它……非常好。你也可以歪著頭看它，我們常常是眞的好有興趣看一個人的時候，才會歪著頭。它有聲音嗎？輕輕地用食指敲它一下，輕輕地……有聲音嗎？會「叮」一聲嗎？如果有，那是什麼聲音？它有顏色嗎？有幾種顏色？當你用什麼角度看過去的時候，它會擁有什麼樣的顏色？它裡面有顏色嗎？外面有顏色嗎？用你的方式接近它……靠近它……了解它……

我們心裡的這顆寶石，有時候很清亮，有時候會被塵土給蓋住，甚至有些時候會有一點髒髒的、不清楚、模糊，都有可能。接下來，我們要洗滌、要清洗囉！心裡的寶石，常常一不小心就會沾上灰塵，把它原來漂亮的顏色給蓋住了。在你的心裡，可以有一道暖流、一道清流或一道水流。像從山上下來的清澈溪水一樣，水流輕輕地沖刷著這顆心裡的寶石；也可能像三月的雨，雨絲一滴一滴地滑落；可能像屋簷滑下來的水，慢慢地流過去；可能是你拿著一塊布，親手幫它擦拭……都可以。接下來的三十秒，是屬於你的時間，用你的方法去清洗它，請開始……你的手眞的會動，讓水流發生，讓清洗發生，讓透明發生，讓光線發生……

非常好……非常好……當你開始清洗它，你會看見不同的光景、看見寶石在變化。因爲你正在滋養它，那是你自己；同時你也正在滋養你自己、溫暖你自己、靠近你自己、擁有你自己……非常好。繼續用不同的方法清洗寶石，有時它會變大，有時它會變小；有些時候它的顏色會變化，有些時候甚至你會看見它的質料不一樣了，那都很好。

我們的內在，有些時候，我們用溫柔來靠近它；有些時候，我們的內在，我們用……願意靠近它；有些時候，我們的內在，我們用好奇靠近它……都好……都很好。「清洗內在的寶石」是個可以隔一段時間就用來照顧自己的方法。請你只要有機會，就挑選一首喜歡的音樂，閉上眼睛做這件事。愛自己，永遠不嫌多；照顧自己，也永遠不嫌多，有機會就可以做一做。可以從年輕做到老；因而可以從老，變成年輕。

於是，生命依舊可以有光采，即使生活活得辛苦；於是寶石可以依然晶瑩剔透，即使外面的世界塵土飛揚；別人可以決定外面的空氣，你可以決定寶石的透明。

清洗完，把手放在心臟的部位，可以……兩隻手都在心臟，也可以一隻手在心臟，一隻手在肚臍，都可以。找一個讓你覺得最舒服的放置手的位置。在心裡頭想一個時間，多久以後你還會來探訪它一次的時間，可以是一個禮拜、一個月或三個月，然後跟它說，「親愛的寶石，我○○之後會再來看你，再好好地清洗你。謝謝你在這時候，來這裡讓我看見。」說完，就謝謝心裡的寶石，把手放下，回到這裡。

試試看，短短的十五到二十分鐘，寶石被好好地清洗了、透亮了，內在隱喻改變了，看待外面世界的地圖也跟著變了。說不定，我們的生活也會跟著豐富精采起來呢！

這樣用隱喻說，讓人瞬間懂了

隱喻故事，往往透過生動的聲音表情、活跳跳的清晰畫面，來提高人的覺察能力，讓自己更懂自己，進而觸發頓悟的可能。

十幾年的諮商專業生涯裡，我有三個愛不釋手的隱喻故事，在這裡和大家分享。

狂奔的汽艇，讓年輕的生命有了領悟

第一個故事發生在一九九八年，那年我剛從美國讀完生涯諮商碩士，回到母校清大的諮商中心服務。有一回，下課的十分鐘，一位剛從美國一所州立大學當國際交換學生回來的年輕學弟，在走廊遇見我，著急地問：「老師，我要做一個決定，

不知道該怎麼做。目前我在社團當社長很忙，假日又要去育幼院當義工，晚上還要在實驗室跟著研究所的學長做實驗，最近正考慮要不要申請教育學程，不知道我適不適合？」

看著這個前程似錦的好孩子，我說：「我剛剛看到一個畫面，你要不要聽？」學弟臉上閃過一絲好奇的光芒，說：「要，要，要！」「我看到一艘亮麗的汽艇，加足了馬力，發動汽艇的引擎聲音，大聲的響著ㄍㄥˊ！ㄍㄥˊ！ㄍㄥˊ！馬力加到最大，汽艇一發動，就一直衝！一直衝……」

然後，我靜默地看著學弟十幾秒鐘都沒說話，這個聰慧的男孩，瞪大了眼睛也愣了十幾秒鐘之後，開口問我：「老師，這樣汽艇會不會撞到東西？」我微笑地看著他沒有回答。男孩低頭想了一兩分鐘，抬起頭笑笑地說：「老師，我知道怎麼做了，謝謝老師。」

後來，這個男孩有沒有申請教育學程，我其實不知道；他到了哪裡，我也不知道。不過，我猜那個「ㄍㄥˊ！ㄍㄥˊ！ㄍㄥˊ……」的汽艇發動聲，大概會陪著他，走過人生的好幾段路途。這個隱喻故事，很特別的地方是以聲音爲主軸，透過生動的汽艇發動聲音，來提高聽者的覺察，進而觸發頓悟的可能。

瓷器店裡的大公牛隱喻，幫助了親密關係中的溝通

第二個故事是聽來的。

二十九歲那年，我因爲情感上有解不開的結，自己尋求諮商師的協助。在半年多的晤談時間裡，讓我最清晰記得的是，諮商師跟我說了一個「瓷器店裡的大公牛」的故事。記憶裡，故事的版本是這樣的：「有一隻大公牛，走進了一家賣精品瓷器的高級商店裡，因爲大公牛身體很大，生氣起來的時候，頭上的角一甩就把檯子上瓷器給敲碎了，甩個尾巴，哎呀，又掃下了好幾個漂亮的杯子、盤子……」

這個短短的小故事，對我的親密關係有意想不到的大幫助。原本在實際生活與親密伴侶互動時，我是一個很容易動怒、很容易噴出情緒的人，聽了這個有生動畫面的小故事之後，每當自己即將因爲小事情而發怒時，腦中就會浮現一隻紅色的大公牛，在精緻瓷器店裡即將動來動去摔壞杯盤的畫面！這個畫面一出現，我就會趕

緊深呼吸，想像自己就是那隻紅色的大公牛，安靜地走出那家店。這個大公牛摔壞杯盤的畫面，陪著我好幾年，持續地提醒自己不一定要用發怒的方式來溝通。大公牛的故事，是很典型的畫面隱喻，透過活跳跳的清晰畫面，來提高人的覺察能力，更懂自己怎麼了。

鴨嘴獸的隱喻，道盡許多人的矛盾掙扎

第三個故事，是當年寫博士論文時，我從一本英文期刊上翻譯下來的。

那是一個很短但很有力量的小故事，名字叫作「鴨嘴獸的故事」。內容是這樣的：

鴨嘴獸是一種長得很特別的動物，牠有鴨子的嘴，有水獺的尾巴。鴨嘴獸有很大的煩惱，當牠和鴨子在一起的時候，開口發聲時總是很小心。因爲想要讓鴨子覺得鴨嘴獸和鴨子是一樣的，深怕自己叫出來的聲音，被鴨子認出來說，「你不是鴨子，你的聲音不對！」

當鴨嘴獸跟水獺在一起的時候，就會把嘴巴藏在水裡頭，然後拚命搖尾巴。牠想讓水獺知道，「我的尾巴跟你是一樣的……」

這個故事，很貼近許多人成長過程裡，辛苦掙扎的部分。我們不都是這樣的嗎？雖然很想找出自己的獨特，卻又害怕被看出自己跟別人哪裡不一樣。拚了命要搖尾巴給水獺看，拚了命要讓鴨子以爲找到同類。可是鴨嘴獸，眞的不是鴨子，也眞的不是水獺，鴨嘴獸就是如假包換的鴨嘴獸。這個短短的故事，很像禪宗的公案，是一個很概念性的隱喻故事，引人深思。

輕輕巧巧走進護城河——在生活裡使用隱喻

有時候，我們希望有人願意越過千山萬水，走進我的城堡；但是別人遠遠地望著城堡，不知怎麼才能向我們靠近。這時如果我們可以學會使用貼切的隱喻語言來表達自己，會是相當關鍵和重要的能力養成呢！

你玩過隱喻嗎？想來試一試嗎？

最簡單的隱喻使用，就是在生活裡有感覺浮現時——不論是開心，或是難受、不舒服——只要有感覺跑出來，就可以問自己：「這樣的我，像什麼？」

像什麼呢？可以是動物，可以是植物，可以是大自然的現象，風、雲、雨，春、夏、秋、冬，或者任何的物品東西都可以。這樣的我，像什麼？用什麼來形容這樣的我，會最貼近自己的心呢？有的時候只是一個模模糊糊的畫面，有時候只是幾個字，那都很好，接近潛意識的過程是慢慢的、自然的。如果沒有出現任何東西也沒關係，你只要願意試試就很好了。就只是溫柔地問自己：「這樣的我，像什麼？」

如果是和好朋友一起練習，就可以邀請朋友閉上眼睛，然後請他做三個深呼吸，帶著期待，好奇地問他：「這樣的你，像什麼？」請記得，如果你的朋友分享說：「我像一隻駱駝。」請千萬不要問他：「爲什麼是駱駝？」因爲當你一問爲什麼，他就回到意識了。不問爲什麼，那要問什麼好呢？以下幾個問句，是最輕鬆又好用的隱喻澄清句型：

「多大？」「什麼顏色？」「什麼形狀？」

「多說一點，讓我好像從你的心裡看到一樣……」

「有沒有背景？」「周圍有沒有什麼聲音？」

「你最好奇的地方是哪裡？」「什麼讓你好奇？多說一點……」

學會用隱喻來表達自己，能讓別人更靠近

在潛意識的世界裡，我們可以學著用「是什麼……」來取代「爲什麼？」所以如果以駱駝爲例，我們可以好奇問的是：「駱駝的眼睛看哪裡？駱駝的尾巴長怎樣？這隻駱駝哪裡吸引你？駱駝的顏色是什麼？」多去好奇畫面本身，因爲停留在右腦直覺的畫面裡，潛意識的資源就會自然連上，甚至湧出。

除了簡單地問「這樣的自己，像什麼？」以外，還有一些更細緻的隱喻觸發問句可以使用：

「你可以閉上眼睛，隔著一個距離看看自己，看起來這樣的自己像什麼？」

「那個很棒的經驗，有沒有給你一個感覺是好像什麼？如果你可以用一個東西來代表的話，你覺得那個讓你開心又興奮的人，像什麼？」

許多人的心裡，都有一座被護城河保護著的城堡。護城河外頭，有一片草地，草地上還有高高低低木頭做的圍欄。因此，我們要接近一個人的時候，常常都要被確認是善意的、可愛的，才能經過允許越過圍欄；如果彼此有了信任與安全感，護

城河上的吊橋才會緩緩降下；進入城堡之後，通常是因為有了同甘共苦的故事，才能被邀請進入城堡裡最私密的房間。

換個角度來看，有時我們好希望別人願意翻山越嶺來靠近我們的城堡；但是別人不太懂我們，遠遠地望著城堡，不知怎麼才能向我們靠近。這時如果我們可以學會使用貼切的隱喻語言來表達自己，會是相當關鍵和重要的能力養成呢！

記得有一次，在北區帶輔導研習，有位年輕女老師這麼描述自己：「小時候的我很乖，很像那種……你有看過大同寶寶嗎？站的直直的那種。」短短的幾句話，聽到的人裡，好幾位都發出「嘶嘶」的聲音，心頭有一份心疼跑了出來。用站得直直的大同寶寶，來形容成長過程聽話、懂事、小心不犯錯的自己，真是感覺對極了！讓人一下子就多懂了她一些。

無法轉述的困境、難以碰觸的傷痛，都可試著用隱喻化解

依稀記得我三十歲那年，生命裡連續出現好幾個無法承受的死亡事件。心裡低

沉、害怕到了極點，又不知道怎麼訴說自己。在一次同行的聚會裡，我鼓起勇氣，用了下面這一段話，打開了自己因爲不知所措而緊鎖著的門：

「雨下得好大好大。森林裡，小土撥鼠縮在自己的洞口旁邊，有家卻像是沒家一樣……洞都淹水了，小土撥鼠到處找地方躲雨，卻只能瑟縮在大樹幹旁……小土撥鼠望著天，問老天爺說：『這場雨，到底還要下多久啊……』雨下了好久好久了，在小土撥鼠的心裡，這雨彷彿沒有停止的一天。」

聽著我這段話，一個冰雪聰明的好朋友，用了下面這段話語，溫暖了我的心：

「在森林的另一方，也是在雨中，小兔子坐在溫暖的房子裡。房子裡燈火通明，小兔子手捧著暖暖的熱茶，看著外頭的雨。小土撥鼠在雨裡，她知道，但她也只能把燈火再弄溫暖一點，等待著，也許小土撥鼠會有想進來休息的時候。不過，雖然遠遠的，雖然雨聲也很大，但是，小兔子聽得到小土撥鼠的心跳聲……」

因爲冒險了，用「這雨彷彿沒有停止的一天」來描述對於沒完沒了的困境的難受，表達出了很難被理解的自己，因此，有機會被陪伴，甚至被愛。也因此從那一天開始，紅色的城堡裡，又多了一個換帖的知心好友。

好的隱喻故事，讓給愛的人更流動

馴獸師不得不拿起鞭子，是為了讓動物不出亂子，是為了讓自己還有足夠的愛可以好好地給。只要還記得如何收鞭子，就仍然有機會擁有純粹的愛，給那些心愛的寶貝。

幾年前，在一場工作坊裡，遇見一位小學老師小魚（化名）。小魚非常享受教低年級的學生，可是這個學期被分派去教高年級，身邊資深的同事耳提面命地交代：「一定要嚴厲，不可以讓學生爬到頭上來，否則……」小魚面對看似提醒的恐嚇，其實心裡很不舒服。因爲她期許自己當一個愛孩子的老師，不喜歡當一個威權主義的老師，但又擔心資深老師的提醒是必要的，因而陷入內心爭戰。

在工作坊裡，小魚爭取當現場治療示範的主角，希望能得到專業的協助。小魚回想起曾經教低年級時的快樂記憶，說：

「當小學一年級的導師時，下課所有的老師都在教室打掃、改作業，只有我坐在教室外的花園。小孩排隊要坐到我身上，我一次可以抱兩三個，我覺得當這樣的老師才有意義。我也許沒教他們什麼，可是他們從大老遠跑來跟你揮手，你就知道他們很喜歡你，我覺得這樣就夠了！那時候我教他們是一二年級，到現在四年級了，他看到我還是這樣。別班的小孩跟著他來找我，臉上會很羨慕地說：『哇！你們以前的老師是這樣喔？』」

然而，時空轉換，她現在被迫教高年級，痛苦指數很高。她這麼描述目前和高年級學生的辛苦互動：

「高年級的學生，臉上表情一個比一個叛逆。幫他們放影片，要看不看的，叫他們做的所有事情，他們統統都不做。我一直覺得我跟其他教了高年級很久的老師不一樣，我不想要變成那個樣子，所以我都跟學生說：『有什麼事情可以來商量討論。像是學校規定制服、運動服必須要紮進去，可是我體諒夏天教室很熱，所以在我的班上，可以把制服脫掉，我願意給你這樣的自由，給一份體諒跟善意。』可是他們沒辦法控制，你給他一點點，他就會無限地擴張，跑到外面去。」

馴獸師與小丑的故事

我用心地聽著小魚的故事，心裡浮現幾個隱喻，決定來說一個完整的隱喻故事給小魚聽，故事是這樣的：

馬戲團裡有好多種不同的動物。有的大、有的小、有的可愛、有的凶猛……有時輕鬆的當一個小丑，小朋友就會笑得很開心。可是，妳看過小丑當馴獸師嗎？妳看過小丑進入那個大鐵籠裡當馴獸師嗎？我覺得妳的情形就像這樣。

大鐵籠裡，通常不會裝兔子，兔子不會裝在大鐵籠裡，大鐵籠裡面都裝老虎跟獅子。這一天有個人穿著小丑的衣服進來，她說：「我被迫要來當馴獸師……」可以想像小丑進到大鐵籠裡面會怎樣嗎？會被「挾去配」（台語），會被挾去吃掉，所以一定要保護自己，一定、一定、一定要保護自己。可是因為小丑太懷念當一個小丑，拿個紅色的小球丟、丟、丟，小朋友就笑開懷的日子。她堅持不肯拿起那一把鞭子，她很害怕一旦拿起鞭子來，愛就變質了。那是一個很深很深的害怕，她很不喜歡變質的愛，非常不喜歡！

於是她帶了一個可以伸縮的鞭子，那個打開來長長的、威猛的鞭子，也可以縮起來小小的，放在右後方的口袋裡，她說：「我還想再試試看，再當一個小丑。」然後，右邊的屁股就被咬了一口，左手的指甲也在上次的表演被咬掉了，到現在都還沒有癒合。

後來，每次走進馬戲團，即使沒有走進大鐵籠裡，都是害怕、不安的，都是一幕一幕的恐怖畫面呈現，鞭子要拿出來嗎？真的要拿出來嗎？這樣好了，這個問題真的太難了，我們先不問這個問題好了。我們先回到小朋友很小很小的時候會學習的一件事情，叫做認識動物。小時候有那種圖卡，有牛媽媽、牛寶寶，當妳把牛媽媽跟牛寶寶放在一起，表示妳認識了牛，更高級的還有按鍵可以按下去，那個牛就會「哞」，小朋友就會說「這是牛」，這堂課叫做認識動物，所以圖鑑上、在妳的心裡會看見，左上角有一隻豹，豹有美麗的班紋，在牠的眼睛跟鼻子那裡，有特別美麗的斑紋，牠的腳雄壯而有力，會踢人會咬人。好，第二隻是老虎，第三隻鱷魚，第四隻是狼，第五隻是犛牛，第六隻是長頸鹿……第十隻是兔子……好，只是要記得：從老虎跟豹到兔子中間，還有好多種動物。

這個下午，馬戲團正好在應徵一位好的馴獸師，這個小丑走進來，她心裡想著，現在這麼不景氣，如果我可以當馴獸師又可以當小丑，這個馬戲團應該會雇用我，於是，她就跟馬戲團的主人說：「我天生就是一個很溫暖很多愛的小丑，同時我願意學習在某一些時候，拿出我這支可以伸縮的鞭子，確保那些豹、老虎、獅子，不會出亂子。」

鞭子可以伸縮，可以打開，也可以收起來。用力甩它，就整個「噗哧」拉開來；收起來時，就會自動捲起來。讓牠們不出亂子，是爲了讓自己還有足夠的愛可以給，給那些心愛的寶貝。有些時候不得不拿起鞭子，但是只要記得收起來的方法，就有機會仍然擁有很純粹的愛，給那些心愛的寶貝。

隱喻能在生活中發酵、演化，甚至觸發出創意來

聽完了這個故事之後，小魚回到自己的生活裡，這個偷偷溜進小魚心裡的隱喻

故事，靜靜地開始發酵著。聽這個故事時是在暑假，等到學校開學了，小魚眞的去做了馬戲團的動物分類，開學的心情由之前習慣的壓力變成好笑與開心，而且心裡開始出現重要的反思。小魚是這麼說的：

「開學時，我眞的去借了一塊小白板，放在座位的書櫃上。這樣隨時抬頭就可以清楚地看見分類：一，乖巧的可愛動物區（暫時可以不用擔心的）；二，講不聽的猴子（不能對他好）；三，狡猾的狐狸；四，一刀就要斃命的王八蛋。然後，我還眞的去列印、護貝了每個學生的名字，打算在背後貼上磁鐵，以便隨時依照他的行爲，改變他的類型。我心裡想著：一定要在一個星期之內把學生分類好。這樣想的時候，覺得很好笑，而且竟然還頗爲開心。我發現低年級可以說整班都是可愛動物，高年級幾乎已經看不見可愛動物了。馬戲團跟馴獸師的隱喻，讓我更清楚工作場所和對象的改變，一旦接受了現在的班級就像是個馬戲團，那麼馴獸師的角色就有其必要性了。」

開學後一個月，小魚出現全新的理解：「我不是一個只會耍鞭子的馴獸師，我發現自己也可以當一個喜愛海豚，可以跟海豚親近的海生館照顧員。」這個隨著時間演化出來的新隱喻（海豚照顧員），把教低年級學生時擁有的充沛珍貴的愛，與教高年級時新長出來的管教能力，有了一個創發性的結合，創造出同時可以有效管理，也可以流動給愛的美好組合。

孵夢、解夢給自己的生命指引——小羊求求你

睡前先問自己一個想探索、想了解的疑問，並且寫下來。然後，對照夢中的訊息，看看夢要跟自己說什麼。如此，就有機會接住潛意識遞送給我們的禮物。

常常被學生問：「老師，我夢到一條蛇（一隻雞、一條龍），是什麼意思呀？」關於夢到蛇、狗、龍、雞，古今中外，大江南北，都有不同的夢境解釋。

在中國，夢到烏龜，很有可能象徵長壽。可是在北美的濱海餐廳裡有一道出名的菜，叫做「海龜湯」。這道湯品，我猜很多華人都很難點下去，但是白種人從小喝這種湯長大，那是他們心目中、記憶中美味的代表之一。因此，北美濱海的人們如果夢到烏龜，跟想喝湯或懷念家鄉的味道說不定有強烈的連結。換句話說，不同的文化地理背景，夢境的象徵會有根本性的差異。

除了文化的差異之外，在實際的解夢現場，夢到被蛇追、被狗追，代表的涵義常常也很「個人化」。因爲每個人的心裡頭，夢見的人或物，都有屬於自己的獨特或連結。比如說，有些人怕狗，夢見狗，可能代表某個他害怕的人正在逼近；有些人很愛狗，於是夢見狗很可能表示心愛的對象正在靠近。換句話說，「個人化解夢」是一種爲夢的主人量身訂做的解夢方法，爲的是幫做夢的人，找到心裡那個獨特又有意義的連結。

孵夢三步驟

學習個人化解夢，有一個有趣的小方法，叫做孵夢。孵夢，只需要三個很簡單的步驟：

步驟一：睡前，先問自己一個想探索、想了解的疑問，並且寫下來。

步驟二：睡醒如果有夢，馬上拿筆寫下來。

步驟三：對照夢中的訊息，來猜猜夢要跟自己說什麼。

我有一個很好笑的例子，當年我要去博士班報到當學生的前一天晚上，孵了一個夢，睡前寫下的問句是：「去讀博士班，要注意什麼？」結果，當晚作了一個夢，夢裡只有出現一句話：「你的臉出來了嗎？」

睡醒，想起夢，拿出睡前寫下的問句的本子，自己就「噗哧」笑出來了！因爲夢境內容對照起睡前的問句，實在是太清楚不過了！潛意識非常清晰地提醒我，要先把滿臉的鬍子刮乾淨，再去博士班上第一堂課。

個人化解夢的經典案例——小羊求求你

一場輔導研習裡，我帶領解夢示範時，一位年輕的輔導老師小蟬（化名）跟大家分享了小羊求求你的夢。我認爲這是個人化解夢的經典例子，經由夢的主人同意，把這個夢整理在這裡和大家分享。

這個夢是在連著兩天的工作坊裡的第一天晚上孵夢孵出來的。小蟬描述：

「我夢到有一群羊，被關在像倉庫的大空間裡。空間分隔成三部分，最外面的部分沒有羊，最裡面和中間都關著一群羊，捲捲的白色的毛，脖子特別的長。（我說：怎樣特別長？比給我看好嗎？）脖子比較長，可是牠的毛是小綿羊那種，捲捲的毛，很細的那一種，臉也比較長……

「最裡面的羊，每天都在吃、在睡覺，像豬一樣，很安穩蜷曲在那裡。可是，最小的一隻羊，一直跑去跟主人吵著要出去，牠想出去外面看看這個世界，牠一直說：『拜託、拜託！』牠會講話……主人是一對夫妻，一直不答應，主人說：『你在這邊，要吃、要喝、要拉，隨時都有，而且你需要一直吃、一直吃、一直吃。』可是小羊一直說：『拜託、拜託！拜託、拜託！』突然間，主人竟然點頭了。小羊很高興，小羊是在第二圈中間那個空間，牠興奮地跑去最裡面，找了其中的一兩隻羊，跟牠們說：『你們不是也要出去嗎？要不要一起走？』結果那幾隻羊都已經很習慣被餵食了，牠們就說：『不用！』裡面的羊都懶懶的沒有任何反應。

「我在夢境裡想，大概是牠們吃的飼料會使牠們變笨，於是寧願安穩地待在裡面，忘記曾經想要出去的事。後來，農場主人就讓小羊出去了，小羊衝到外面，沒想到一出倉庫，馬上就遇到兩輛農場的貨車迎面而來，差一點被撞上，好危險。可是小羊其實不太害怕，因為牠終於可以出去了，牠很興奮！就算遇見危險，也覺得沒關係，反正閃一下就好了，還滿勇敢的！奇妙的是：有輛車子是農場主人夫妻開來的，剛剛不是還要小羊拜託嗎？結果主人主動邀請小羊上車，要載牠到農場外面去，小羊很驚訝地說：『真的可以嗎？』然後，我就醒了。」

我聽了這個新鮮上架的夢，充滿好奇！聽了夢的場景與情節之後，我要幫忙小蟬找到一個焦點來切入，看看有沒有機會更懂這個夢在說什麼。

我問：「夢裡面哪一個畫面或角色，是妳覺得最好奇的？」小蟬非常確定地說：「那隻小羊，特別是牠為什麼會說話，而且還一直說：拜託，拜託！」

接下來，我邀請小蟬來嘗試解夢方法裡強力又趣味的作法：扮演。我這麼帶領著小蟬：「我要妳進到夢裡面的小羊，讓自己就是那隻小羊，我要妳用第一人稱說話，從『我是小羊……』開始，好像是在說牠的內心戲一樣，準備好就可以開始。」

小蟬閉上了眼睛，很投入地扮演著：「我是小羊，拜託、拜託你讓我出去啦！

拜託你讓我出去啦！我不要被關在這裡，為什麼我的生活就只有吃跟睡？外面的世界很大，拜託、拜託、拜託我要出去，拜託我要出去（聲音激動而渴求）……」

我聽到這個生動的扮演，打鐵趁熱地邀請小蟬找尋夢境的可能連結：「會不會好像心裡有一份渴望、一份期待，但不太敢相信會被答應、會得到回應……妳生活裡的什麼，是像這樣的？可能是關係、可能是工作、可能是心情，有沒有任何一個東西剛剛『叮』地跳上來說，『啊！就是這個！』？」

小蟬閉著眼睛，眼球轉呀轉的，開始說著她的連結：「我……我爸媽一直叫我要當老師的這件事。我曾在一開始從事教職的時候，跟他們說自己想轉換跑道，但他們認為這是一個很安穩的工作，他們不讓我出去。」

哎呀！原來是生涯轉換跑道的渴望，在夢裡用小羊來呈現，真是太有意思了。

我接著說：「來給小羊一個名字，這個很重要，我要妳慢慢來，閉上眼睛。如果小羊代表的是小蟬心裡面一個很重要的部分，說不定，在過去的日子裡沒有發揮多大的力量，但它一直都在，然後在昨夜出來了。它沒有放棄地說，拜託、拜託、拜託讓我出去，給小羊一個好名字，讓它繼續在，繼續來幫忙。」

小蟬眼睫毛眨呀眨的，潛意識順暢地運作著，過了一會兒，睜開眼睛，說出一個很有力量的名字：勇敢的祈求者。接著小蟬也理解到，其他的羊，有些也曾經有相同的夢想，想要出去闖一闖，但因爲環境是安全的，所以已經習慣安於現狀了。

我接著問：「說到這裡，妳猜想這個夢在跟妳說什麼？」

這個時候，意識與潛意識順暢地合作著，小蟬描述著她的發現：「我是基督徒，上帝說我們是祂的羔羊，然後只要祈求。我還滿感動的是，後來祂讓我出去，祂是陪在我身邊的。在信仰裡，只要你跟上帝求，祂給你的，是超過你所求所想。小羊出去外面時，農場外圍有很大一圈的圍籬，我可以自由在那奔跑已經很滿足了，沒想到主人帶著我上車，說我們要出去，可以帶著妳出去玩，我嚇一跳說：『啊！眞的嗎？眞的可以這樣子嗎？』（我問：農場的夫婦代表的是？）嗯……本來我想是爸媽把我限制在這裡，要我安全；後來我覺得或許也是上帝溫柔的陪伴。不管去到哪裡，祂都與我同在。其實，早上起床時，我有想到這個點，我還滿感動的。」

眞是精采的發現啊！我最後跟小蟬的潛意識說了一段話，爲這場解夢示範做結尾：

「潛意識謝謝你，讓小蟬可以孵出一個夢，然後在今天，遇見一群好奇的心跟溫和的眼神，可以多懂自己一些，可以看見自己在環境裡安於現狀的部分，也看見自己是一個勇敢的祈求者。

「謝謝你潛意識，在接下來的日子裡，白天或夢裡，請潛意識繼續傳遞訊息，傳遞好東西，再更了解一點這個夢在說什麼，那片草地在說什麼，柵欄在說什麼，農場外圍的那一層在說什麼，請潛意識繼續傳遞好東西，謝謝你。」

潛意識跟我說：走出去，不要怕！

讀到這裡，一定很多人都很好奇，小蟬到底睡前孵夢時問了什麼問題呢？我跟大家一樣好奇，等夢解到這裡了，我趕緊問小蟬，睡前的孵夢裡，問了潛意識什麼呢？

小蟬娓娓道來孵夢的問句，與她心裡發生的種種：「我睡前問的是：我可以靠畫畫賺錢嗎？其實我從小沒有學什麼才藝，不會畫畫，也不會彈鋼琴。兩年前，三十二歲時挑戰自己去學畫畫，跟了一個做繪本的老師，他說不會畫畫的人也可以來畫，我就問：『我眞的可以嗎？』從小只會畫房子、雲、太陽，連動物都畫不出來，而且我沒有立體概念，只會畫平面的。老師說可以，因爲那是想像力插畫，我就想說：『好哇！』」

在研習的現場，我靈機一動，問小蟬身邊有沒有她學畫的作品，小蟬拿起手機，讓大家看她的作品。手機檔案一打開，現場出現了：「哇！哇！」的讚嘆聲，那是一幅壓克力顏料畫的作品，很有味道呢！

那一場兩天的解夢研習結束了，但是夢並沒有停在這裡。我們的內心有很多部分，以不同的樣貌在夢裡出現與演出。而解夢像是拼拼圖，一旦其中一塊確定了，其他的常常會跟著連上或拼起來，然後整個全景有了完整與清晰的可能。

工作坊結束之後的當天晚上，我很驚喜地收到小蟬的電子郵件！信裡寄來了她回去後畫下的夢境裡小羊的模樣。（見自信卡第二頁。）

小蟬在信裡這麼說者：「哈克，我眞的要說，好幸運今天可以上台當解夢示範！生命裡有一個未知被開發，眞的很令人振奮，原本以爲很難了解的夢，都可以這麼簡單就解出來，那生命還有什麼是不可能的呢？回家的路上，我充滿信心，有個聲音告訴我：『就去做吧！』即使外面有貨車、有困難、充滿挑戰，但只要帶著勇敢的心，去玩、去闖，不忘記起初用力拜託的眼神跟渴慕，上帝一定會與我同行，我必不孤單。

「我想，沒有哪個爸媽會捨得讓自己的小羊過得不快樂的。呵呵呵！解開這個夢，我好感動……謝謝你！你何時要開進階的解夢工作坊呢？如果有機會我很想知道自己還有多少可能！」

有意思的是，隔了四天小蟬又來信了，信裡提到更多豐富的新發現呢！

「哈克，我整理了兩個新發現：一，倉庫裡只有隔間沒有門，根本沒有門，是小羊們自己乖乖呆在裡面。二，主人邀請小羊上車，小羊被安排跟女主人坐在同一個位置上，都在前排。男主人在右邊，後座還有位置。我新的理解是：

「一，沒有門：哇！五味雜陳很震撼的新覺知！原本以爲被關著，需要拜託、拜託的小羊，其實是自己乖乖在裡面，習慣於主人訂下的規範。一直以爲有門，一直以爲牢不可破。當主人一說：『好吧！』小羊就開心地跑進跑出，因爲沒有門啊！我想，這群小羊，很願意守秩序，知道跟著秩序走就不會有危險，安靜地守著小小疆土。

「二，小羊與女主人同坐，男主人在右邊：小羊並沒有被邀請去做後座，而是一起坐在前座，跟女主人擠一個位置，可見他在主人眼中是被看重的。《聖經》〈詩篇〉第十六章第八節提到：『因祂在我右邊，我便不致動搖。因此，我的心歡喜，我的靈快樂，我的肉身也要安然居住。』我很感動上帝的帶領與陪伴，這條路我必不被撇下，不孤單。解到現在，好滿足。與您分享！」

讀到小蟬這些動人的新發現，我觸動到全身都起了雞皮疙瘩。哇！竟然回去以後可以有這麼多的好發現，眞是太棒了。除了這些發現，小蟬在生活裡繼續用心的覺察與理解小羊的種種，小羊的隱喻就這樣活跳跳的在眞實生活裡，陪著夢的主人。

見識精采的潛意識力量——聾啞學校的夢

我一直以為我很孤單，其實不！因為潛意識一直陪伴著我，可能我以前不知道它的存在，可是現在知道了，我覺得很溫暖！從過去到現在，從現在到未來，我知道它會不離不棄地陪伴我，直到生命停止的那一刻。

幾年前，在大學的諮商中心遇到了大二學生小云（化名），小云主要的困擾是原本大一感情很好的班上好朋友，因爲一些摩擦，完全不理小云了。小云很難受，也做了很多努力想挽回友情，可是半年過去了都沒有起色，小云開始越來越不想去上課，常會出現不由自主的流淚。

身爲小云的諮商師，我很心疼這個年輕的孩子，同時也知道，朋友的重新洗牌是二十歲左右的孩子常常會經歷的成長過程。在我們晤談的第六次，小云一進來，就說她做了一個夢，夢境是這樣的：

第一段夢

鐘響下課了，走出教室，看到本來的兩個朋友站在樓梯轉角（可上樓，也可下樓的地方）。我問她們：「要不要一起走？」她們笑一笑說不用了。我很習慣又被拒絕了，當下有難過一下下，之後，就轉身上樓去了。

第二段夢

進電梯之後按頂樓，到了頂樓，剛開始走到走廊，角落有三三兩兩的學生在敲打練習節奏，但是沒有任何聲音，非常安靜。教室很空曠，人不多，是很安靜的另一個世界，ㄟ！奇怪，這裡人這麼少，偌大的教室裡面只有一個老師三個學生，地板乾淨到可以躺著。轉頭看一下，瞬間有很強烈的直覺：這是聾啞學校。

第三段夢

原本都只看著右邊，轉頭一看左邊，圍牆外面是好美的景色。不遠也不近的距離，有很美麗的高山上，才看得到的山景。很乾淨，純色系，藍天、綠山、白雲，綠色的山，是卡通裡才有的鮮綠色；藍天是卡通裡的純藍色；白雲不是一朵一朵的，是很整齊的、直的躺在山邊。好美好美的景色，我被這個美給震住了！當下什麼話也說不出來。幾秒之後，回神，開始尖叫：「啊！啊（尖叫聲）！好美喔！」我張大眼睛要記得這個畫面。

多聽自己的聲音，潛意識永遠不離不棄

聽著小云說著歷歷在目的夢，我認真地記錄下每一個可以寫下的細節與情緒，然後眞心地問小云：「妳有沒有希望我的什麼，在等一下解夢的過程裡陪妳？」小云想了想，說：「沉穩、好奇，還有理解。」我拍拍胸膛說，沒問題，這個我有。

接下來，我邀請小云閉上眼睛，做兩個深呼吸，然後輕聲問著：「這個夢，有沒有讓妳想到生活中的什麼？」這個問句一落，出乎我意料之外的，小云開始順暢地說出一段又一段珍貴的發現：

「第一段夢裡『遇見朋友，之後轉身上樓』，說的是：大學這段時間，自從跟她們吵架之後，一直是心裡的傷口，可是也一年了，潛意識要我放下她們。轉身上樓，表示我繼續努力地成長。潛意識在跟我說：往上走，走到頂的時候，美好的景色在等著我！也許有一天，我可以走去遠處的那座山頂。

「第二段夢裡『聾啞學校很安靜』，說的是：我在成長的階段，可能要緩下腳步來，少說一點，少聽一點外面的聲音；多聽一下自己的聲音，好好安靜地思考，不要讓太多噪音進入心裡，困擾自己。心裡很確定這就是一間聾啞學校，以後當我很煩很煩的時候，就可以跟自己說：『不要搞得那麼忙，不要忽略心靈的平靜，找一個安靜的地方，適時的靜下來。』這樣會聽見心裡重要的聲音。當我關掉外面的窗戶，心裡的聲音就會清晰被聽見。

「第三段夢裡的『留在原地，轉頭』，說的是：當遇到困難的時候，如果我能有轉換的念頭，我會有新的發現，如同轉頭望向另一邊的美麗山景一樣。」

我聽著聽著，眼眶都濕了。眼前這個年輕的孩子，竟然有這麼精采的潛意識！六七次的晤談，我們不都一起努力著要奮力走出困境嗎！怎麼潛意識一個夢來，說了這麼多，這麼有力量！聽著小云說夢的過程裡，我大概不自主地讚嘆地說了四五次的：「妳的潛意識實在太聰明了啦！」

這個聾啞學校的夢，被輕輕巧巧地打開了，小云就這樣更懂了自己。說著上頭的那些發現，小云的眼淚緩緩順著臉頰滑落，我一邊心疼，一邊讚嘆著。晤談結束前，小云紅著眼眶說：「我一直以為我很孤單，其實不！因為潛意識一直陪伴著我，可能我以前不知道它的存在，可是現在知道了，我覺得很溫暖！從過去到現在，從現在到未來，我知道它會不離不棄地陪伴我，直到生命停止的那一刻。」

哈克寫完這個故事，寄給小云看，問問看小云有沒有哪裡需要修改的。小云很快的就回了信，信裡她是這麼說的：「老師，看完文章，我又哽咽了……謝謝老師把我的夢用美麗的詞彙記錄下來，謝謝老師的陪伴，讓我在二十歲這年長成了自己喜歡的模樣。雖然偶爾還是會低潮，但想到您說『這才是人生』後，我就復活了。

哈！天哪！我眞的很想用文字來表達，此刻的我內心是有多麼澎湃激昂！（尖叫尖叫尖叫！）看來我只能用非常多的尖叫來表達我的興奮！」

附錄一：自信練習

——關於本書的討論題綱，供讀書會、小團體使用

下面兩個問句適用於全書各章節：

1閱讀時，哪些句子讓你忍不住「停留」？想讀慢一點，忍不住多讀幾次，或者想起了自己的經驗？邀請你分享這些句子、分享自己與這些句子的連結。

2閱讀時，哪些句子讓你心裡會冒出一個聲音：「ㄟ！我想要在生活裡試著這樣做、這樣跟自己說話。」邀請你分享這些句子，說說你挑中這些句子的心情、想法，或者自己的故事。

以下為各章節的討論練習：

PART 1 愛自己，安頓自己

你是否丟失了部分的自己？

1生活中，你內心常出現的兩種聲音是什麼？

2為了滿足家人的期望，我們有時會埋藏自己內心真正的想法；為了滿足朋友的需求，我們有時會隱藏自己心中真正的感受；為了配合情人的喜好，我們有時會收起自己眞實的渴望。如果把生命中的哪個部分召喚回來，會讓你的生命更接近完整？

3生活中，你常忽略的是哪個部分的自己？在面對生活中的混亂，最常被你壓抑或丟棄的部分又是什麼？

4一起來練習並存：什麼跟什麼是這個時刻，你想讓他們有並存的可能的？

5如果散落一地的拼圖是被忽略的自己，透過並存的練習，哪些被你拼回來了呢？

做自己，還是做罐頭？

1哪些事情你可以接受自己做罐頭就好，爲什麼？哪些事情是你一定要靜下來聆聽自己內在的聲音，不放棄做自己？

2走在「做自己」的路上，你感覺到什麼，會有哪些擔心呢？走在「做罐頭」的路上，你感覺到什麼，會伴隨什麼心情呢？

3你曾經被期望成爲什麼？你何時聽到自我內在的聲音？如何聽到的？

4人生的旅途走到現在，有哪些「做罐頭」及「做自己」的真實經驗？你從中獲得了什麼，又失去了哪些？

看見平凡渺小，也追求獨特美麗

1生活中，你有哪些特別新奇、有意思的經驗？哪些時刻又會讓你產生享受活著、喜歡自己的經驗？（那些時刻常常就是獨特美麗的發源地。）

2生活中，哪些時刻讓你感受到自己的平凡渺小？

3還記得小時候最愛吃的雞蛋糕嗎？還記得巷口令人垂涎的滷肉飯嗎？如此平凡卻又如此動人！若彼此熟識，可以練習給彼此回饋，說說你看見對方身上的平凡與獨特之處。

信任自己正在經驗的

1「這麼穩定的好工作哪裡找？」「這麼體貼的男朋友打著燈籠都找不到，還不趕快嫁？」這些都是我們常常聽到的話，但是真實的感覺存在我們的心中，聽了太多別人的意見跟想法總是讓我們忽略自己內在的聲音。深呼吸，聽聽心裡的聲音，什麼是最近的自己正在經驗的？什麼是值得自己認真去信任的？

2信任自己正經驗的去打一場光榮的戰役，你所需要的裝備可能是什麼？（如勇氣、毅力、勤勞等。）

遇到困境與批評該怎麼辦？

1生命裡，能滋養你的話語有哪些？能讓你更有力量、做自己的人們有哪些？做什麼事能將它們召喚到你的腦海中？

2如果我爲自己快樂負責的方式是排除萬難地去揮汗打網球、看溫暖的簡訊，那麼當你想爲自己的快樂負責時，最有力量的行動是什麼？

3做什麼事、去哪裡、和誰在一起，會幫助你移動到有肥沃土壤的地方？

修水管，還是換水管？

1什麼是你已經挖很久的東西？這樣東西對你來說一定很重要，說說讓你堅持挖下去的那份努力與心意是什麼？

2想一件你希望有新行爲、新反應的事情，並且透過分享，覺察自己修水管與換水管的傾向爲何？

3面對挫折時，你會選擇反省、懊悔、抱怨，還是創造新的可能？想一件最近令你感到挫折的事情，分享你如何面對，並且從分享中試試看有沒有可能產生新的眼光來面對。

我把自己放得太大或縮得太小？

1在什麼角色及位置上，你會容易把自己放得太大？有想調整的地方嗎？

2在什麼角色及位置上，你會容易把自己縮得太小？有想調整的地方嗎？

3有時候我們是大巨人，困在小小的空間裡動彈不得；有時候我們是小矮人，在大大的空間裡焦慮不已，與成員分享你在什麼角色中曾有過類似的感覺。

整合內在喜歡與不接納的自己——並存練習

1在你的成長環境中，你最容易在誰的面前說貼近內在的心底話？

2拿自身生活中常有的一個擔心，兩兩一組練習並存句型，練習完後分享彼此的感受。

PART 2 從自己的故事裡，長出自信來

為自己找到一個位置＋找不到獨特，就來創造美麗

1說一個被愛、被看見的正向經驗。

2生活裡有沒有「被記得」的經驗？說說這個經驗帶給你的美好。

3生活裡有什麼時刻，你曾經給出「記得別人」的好禮物呢？

4生活裡如果有機會讓自己的生命更豐富，你會想加點什麼呢？

自信怎麼來？

1你接受自己有哪些限制？

2做哪些事會使你越來越喜歡自己？

3在生活中有被滋養的經驗嗎？那是怎樣的經驗呢？

為自己播種與扎根＋我可以為人生加入什麼新可能？

1今天或這幾天什麼時候有快樂？

2請夥伴們兩兩一組，訪問對方：「今天的你若做些什麼，會讓你更喜歡自己？」

3走在目前的道路上，你還想爲自己的人生增加哪些新可能及選項？爲了這個新可能，你願意每天做點怎樣的小改變及不同？

4你想要爲你的人生多加一點什麼？

被喜歡，所以可以好好長自己

1你喜歡欣賞的人，他的「看見自己」與「看見別人」的比例是多少？而你討厭、不想靠近的人，他的「看見自己」與「看見別人」的比例又是多少？

2在照顧別人的需要與疼惜自己的內在之間，你是如何流動及進出呢？在「好人」及「好的自己」之間，你是怎麼平衡的呢？

3在你生命中的這個時刻，自己的什麼是會讓身邊的人眞心喜歡的？

真實呈現自己時，還是可以被喜歡嗎？

1想一想，你是報喜多一點，還是報憂多一點？你喜歡這樣的自己嗎？

2在你認識的人當中，誰是眞實的呈現自己，而你還能眞心的欣賞這個人？

3帶團體時，帶領人可以這樣說：「看完最後一段文字後，邀請你閉上眼睛，好好聽聽心裡頭的聲音，有時在不經意中他人的眼光、自己的要求，會把自己磨得『不像人』。能眞實地開心、快樂、擔心、害怕，這樣報喜也報憂『才像人』！親愛的朋友，邀請你閉上眼睛，聽聽看心裡頭那報喜也報憂『像人』的自己正輕輕地說著的話，也可以拿筆記錄下來……最後，邀請你跟信任的夥伴分享過程的感受或任何想說的，都好。」

適當的人際互動，找到滋養自信的好朋友

1將你的人際關係以紅橙黃綠進行分類，分類完畢後想一想哪些朋友的位置是你想要更動的？

2說說那些城堡裡紅色的朋友，他們是怎麼越過護城河的？

開啟滋養自己的活水源頭

1讀完這篇文章，你最想和誰啓動接觸？又打算怎麼做呢？

2和一個好想念的親人或朋友啓動接觸，不要猶豫。

3這篇文章中哪一段文字最觸動你？觸動你的點又是什麼呢？

PART 3 迎向真實世界的挑戰

在生命的河流裡，時時回到中心

1在生命的N格漫畫裡，你最常停留在什麼位置上？你喜歡這樣的停留嗎？

2除了書裡的方法之外，你最常用什麼方法回到自己的內在，讓自己更有力量的活著？請跟夥伴們分享這些好方法。

生命的精采度VS.輕鬆度

1你生活的最高指導原則是什麼？有沒有需要修改的地方？

2最近三個月，有沒有什麼參與式休閒是你眞的有機會成行的？

不論成敗對錯，我用心準備

1做哪些事情時，你很能享受「用心準備」的過程；面對哪些事情時，你很容易只重視「結果」；此時此刻，你最想在哪一件你重視的事情或關係裡，練習用

「時間分段」的概念，讓用心準備與結果的心情，在內在的世界裡獨立存在？

2請分享一個「用心準備」與「看美好結果揭曉」的幸福經驗。

這一步，要怎麼下得最漂亮？

1你用什麼方式計量自己的努力、付出、幸福與喜悅呢？跟夥伴們分享你的好方法，讓這些美麗也能在別人的生命裡蔓延。

2在你生命的花園裡有和煦的陽光與輕風，種子也正萌芽，此刻你最想送給這座花園什麼禮物，讓這片土地充滿養分與祝福？

好不起來怎麼辦？

1文章提到「用行動代替思考」與「接觸更深的自己」，是好不起來時可以陪伴自己的好方法，你曾經有這樣的經驗嗎？

2在生活中，你常用什麼方式中斷自己的自動化思考迴圈？舉一個生活中的例子來分享吧！

自由的花，開在自我要求的土壤上

1自由的基底是自律與負責，這些年來你是怎麼對自己的人生負責，讓自己好好長大呢？

2接下來的生命裡，你希望開出哪一種花朵？在生命的此刻你願意開始爲自己做哪些自我要求呢？

每個人都有兩個自己

1說眞的，你的兩個杯子距離多遠？

2你的心裡存在著哪些「對啊（YES）……但是（BUT）……」？看看有沒有可能改成「是的（YES）我……同時（AND）我……」。

整個第四章是完整的潛意識概念與例子，所以這個部分適合整章讀完後再來分享與討論。因此，以下題綱將不另外針對單篇做討論。

1請好朋友按照〈清洗內在的寶石〉手稿，唸給你聽，陪你一段。

2想一想，對你而言夢境像什麼呢？你跟夢的關係又是如何？

3說一說，最近半年讓你印象特別深刻的夢是什麼？

4如果用一種動物、物品、大自然現象來形容自己，你覺得最近的自己像什麼呢？你喜歡這樣的自己嗎？喜歡哪裡？

5五、十年後，你希望自己像什麼？

6練習用以下兩個步驟，來用隱喻說說喜歡或堅持：

步驟一

三人一組，每個人輪流當主角。主角從生涯卡或愛情卡裡，挑出「喜歡的自己」或者「這是我的堅持」的卡片兩到三張，並且舉實際的例子說明爲什麼喜歡這樣的自己。陪伴者一邊傾聽，一邊蒐集主角可愛與被喜歡的細節，例如：

「閉上眼睛，想一個你喜歡的人，他曾經告訴過你什麼？他最欣賞你、喜歡你的地方又是什麼？」

「有點討厭你卻仍然佩服你的人，他會怎麼說這樣的你？」

「閉上眼睛告訴我，你最好的朋友會在你的告別式上說些什麼？他會怎麼懷念你？他會懷念什麼樣的你？」

「生命裡，什麼階段的你最光彩、最自由、最恣意揮灑？你會怎麼形容那個時候的自己？」

步驟二

陪伴者邀請主角找隱喻，說：「閉上眼睛，在心裡看見這個樣子的自己，看見自己的表情、模樣，聽見聲音、身旁的聲音、回應、說話的樣子，有一份感覺從心裡浮上來，對，對，這樣的你，像什麼呢？」

附錄二：解夢句型

剛開始解夢可以使用的句型

「等一下如果想到了什麼，歡迎跟我分享；如果你想放在心裡，那也很好。有些夢透露的訊息是很個人的，而保有這些是非常重要的。」

「你最近有沒有什麼煩惱？或是心裡有一直關注的事情？如果有，說幾個讓我知道好嗎？這樣等一下就可以一起來連連看，說不定可以找到夢和生活的關連。」

「解夢的任何時候，你想停我們就停下來。當你覺得足夠了，請隨時告訴我，我們就會停下來。」

開始說夢時可以使用的句型

「夢裡你看見什麼？感覺到什麼？想到什麼？盡可能描述所有細節，讓我好像正在參與你的夢一樣。」

「你剛剛說夢裡有一隻大狗，牠多大？用手比給我看好嗎？喔，這麼大隻喔！那牠是什麼顏色？牠有叫嗎？」

「你的夢裡有腳踏車、山路、小女孩、輪胎漏氣，這裡面有沒有哪個部分讓你最迷惑、最好奇或最想探索的？」

「你在夢裡被追，跳下十二層的樓梯，知道有多少人在追你嗎？他們穿著什麼樣子的衣服？手上有拿什麼嗎？你在奔跑的時候是什麼表情？什麼感覺？」

「夢裡覺得最奇怪的、最打到你，或是最讓你感到震撼的是什麼？」

「做這個夢的前幾天有沒有發生什麼特別的事？你在睡前想了什麼？這些跟夢可能有關連嗎？」

有了發現以後可以使用的句型

「這個夢跟你說些什麼？如果這個夢是一種提醒，你猜它要提醒你什麼？」

「謝謝你分享這個夢，如果你願意跟你的潛意識（或直覺）說說話，閉上眼睛做三個深呼吸，很好……潛意識，謝謝你，接下來的日子裡，不管是白天或夜裡，請繼續傳遞訊息，讓意識和潛意識有機會變成好朋友，一起合作……」

The Eurasian Publishing Group
圓神出版事業機構
用心與你對話．視野無限寬廣
方智出版社
Fine Press

http://www.booklife.com.tw reader@mail.eurasian.com.tw

自信人生 102

做自己，還是做罐頭？——勇敢挺自己的第一堂課

作　　者／黃士鈞
企畫統籌／廖翊君
發 行 人／簡志忠
出 版 者／方智出版社股份有限公司
地　　址／台北市南京東路四段50號6樓之1
電　　話／（02）2579-6600．2579-8800．2570-3939
傳　　真／（02）2579-0338．2577-3220．2570-3636
郵撥帳號／ 13633081　方智出版社股份有限公司
總 編 輯／陳秋月
資深主編／賴良珠
責任編輯／張瑋珍
美術編輯／李　寧
雨過天青卡插畫繪製／李尚芸
行銷企畫／吳幸芳．凃姿宇
印務統籌／林永潔
監　　印／高榮祥
校　　對／賴良珠
排　　版／陳采淇
經 銷 商／叩應股份有限公司
法律顧問／圓神出版事業機構法律顧問　蕭雄淋律師
印　　刷祥峰印刷廠
2012年12月　初版
2023年1月　17刷

定價 280 元　　ISBN 978-986-175-290-7

你本來就應該得到生命所必須給你的一切美好！
祕密，就是過去、現在和未來的一切解答。

——《The Secret 祕密》

國家圖書館出版品預行編目資料

做自己，還是做罐頭：勇敢挺自己的第一堂課／黃士鈞 著.
-- 初版. -- 臺北市：方智，2012.12
256面；14.8×20.8公分. --（自信人生；102）
ISBN 978-986-175-290-7（平裝）
1. 自我實現 2. 成功法

177.2 101021188

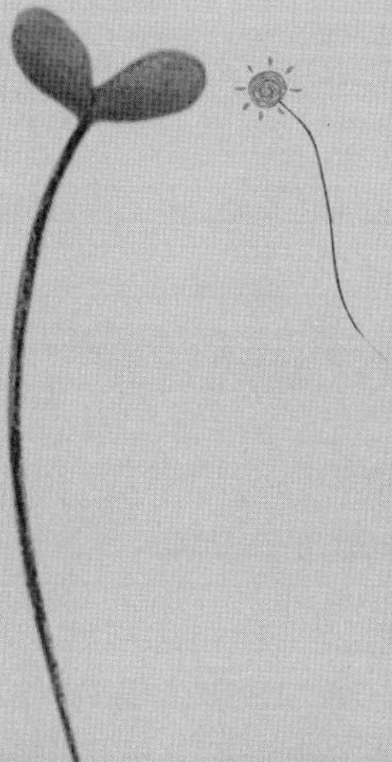

「雨過天青」自信卡

使用說明

「雨過天青」自信卡（隨書附贈版）一共有十張，每一張都有兩面，一面是彩色的底圖，一面是哈克的文字。卡片的建議使用方式有三種：

☞ 一是可以隨身帶著你喜歡的卡，想到的時候拿出來唸給自己聽，透過自己唸給自己聽，讓卡片文字的氛圍進到自己心裡頭。

☞ 二是在一天的一開始，或者想要照顧自己的時刻，都可以看著彩色底圖，抽取一張今日或此刻的「提醒卡」。如果覺得這張很貼切，就可以帶著這張卡過一天；如果想要抽其他的卡，就可以再抽一張。也可以把這張立著放在桌前，想到的時候就唸給自己聽。

☞ 三是如果有朋友沮喪需要陪伴，可以挑選合適的卡片唸給他聽，或是唸完以後把這張送給他當禮物。

「雨過天青」自信卡

〈小羊求求你〉夢境中，小蟬看見的小羊模樣。

安靜

走進森林深處，聽見泥土的呼吸；
潛入深藍水域，聽到了水的心跳。

因為安靜來了，所以力量跟著悄悄地來了。

「雨過天青」自信卡

「雨過天青」自信卡

「雨過天青」自信卡

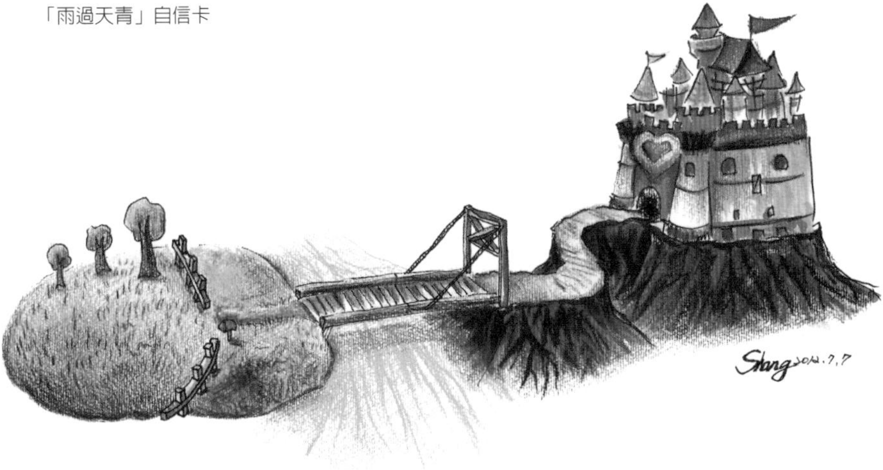

暖爐

座落在房間的角落，小暖爐的火穩穩地流動著，彎下身子，搓搓冷冷硬硬的手，
紅紅柔柔的光「哄哄哄」地傳了過來，

冷冷的手掌心不知不覺地暖了起來，也柔軟了下來……
小暖爐有一個精巧的小開關，可以調強度，
有時候轉到微微的溫熱、淡淡地關愛，有時候轉到滿滿地擁抱、強強的熱度……

力量

山上的水總是比想像中的冰冷，踏進溪水，裸露的雙腳會瞬間清醒，
清清的水流撫過腳指尖，力量偷偷地和清涼一起傳上來……
溪流遠遠的上方，老鷹的翅膀大大地展開，逆風而起，順風翱翔。
清亮的眼睛，時而聚焦樹葉陰影的微小變化，時而瞭望山林的霧氣移動。
放鬆之後，力量隨之而來，力量展現之後，放鬆可以完整而享受……

快樂與喜歡

「今天什麼時候有快樂？」
「今天的我，做些什麼，會讓我更喜歡我自己？」

活出自己喜歡的好，也就是認認真真地去實現自己真正重視的東西，
扎扎實實地去做那些會讓自己更喜歡自己的事情。
「今天，如果發生什麼，我會更喜歡自己？」

「雨過天青」自信卡

「雨過天青」自信卡

「雨過天青」自信卡

勇敢與冒險

生活裡，如果辛苦來了，常常是因為敢冒險了；
生命裡，如果挑戰來了，幾乎都是因為勇敢到了。

《做自己，還是做罐頭？》黃士鈞 著　方智出版

長什麼好呢？

「我要長出什麼？」
「我可以為人生加入什麼新可能？」
「什麼故事，等著我去活出來？」
人生的新可能，不會突然發生。
新可能，是從很小很小的不一樣，
加上很大很大的決心，還有緊握在手心的勇氣，然後才有發生的可能。

《做自己，還是做罐頭？》黃士鈞 著　方智出版

清洗寶石

如果我的心裡有一顆寶石，這顆寶石是什麼材質？什麼顏色？什麼形狀？
用食指指尖去接觸它，摸起來感覺如何？輕輕用指頭敲一下，會發出什麼聲音？
心裡有一道暖流或水流，從山上下來清澈的溪水，輕輕沖刷心裡的寶石……
也可以拿著一塊布，親手去幫它清洗乾淨。
清洗內在寶石，是一個照顧自己的好方法，
即使外面的世界塵土飛揚，別人可以決定外面的空氣，你則可以決定寶石的透明。

《做自己，還是做罐頭？》黃士鈞 著　方智出版

「雨過天青」自信卡

「雨過天青」自信卡

「雨過天青」自信卡

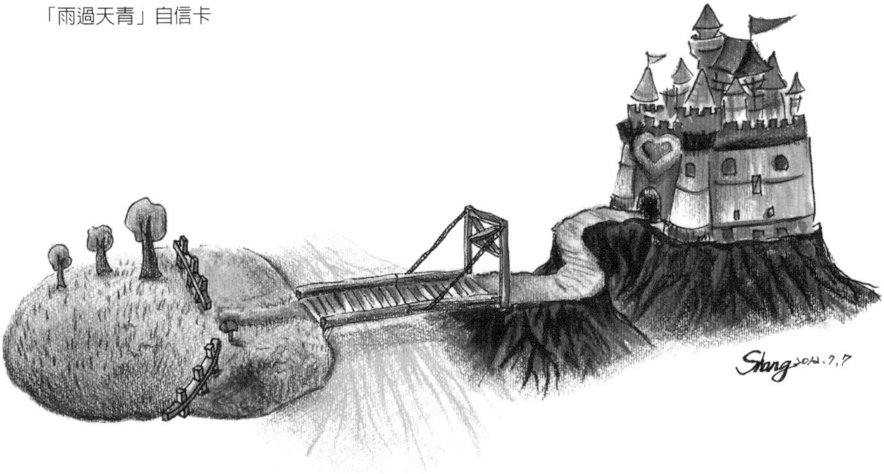

讓意識牽起潛意識的手

親愛的潛意識，謝謝你讓我有機會接近你；
親愛的潛意識，謝謝你給我一個夢，給我一個隱喻。
接下來的日子裡，可能白天，也可能夜裡，
請繼續傳遞訊息，讓意識和潛意識有機會變成好朋友，一起合作……

平凡與獨特

平凡渺小是事實，等待被接納。
發現差異、看見自己、經營自己，
獨特就可能浮現，美麗就有綻放的可能。
接納渺小與平凡，活得會輕鬆一些。擁有獨特，綻放美麗，就會活得精采！

紅橙黃綠

紅，熱血心跳的顏色，是換帖的朋友；橙，溫馨舒服的顏色，是親近的朋友；
黃，輕鬆愉快的顏色，是有些靠近的；綠，遠遠草地的顏色，是不熟的朋友。
擁有紅橙黃綠的分類系統，拿回人際互動的發球權，

選擇對誰多一點禮貌、多一點距離，選擇對誰多一點愛與親近。
有了親疏遠近的區分，能量才有集中投注的可能。